AF278383

ENSAYOS CLAVES SOBRE

CINE LATINO

ANTONIO CÁRDENAS CONTRERAS, PH.D.

Serie Saber Más - No. 8

EDITORIAL
**ORBIS
PRESS**

UNIVERSO DE PALABRAS
ESTADOS UNIDOS * MÉXICO

414 W. FLOWER ST.
PHOENIX, ARIZONA 85013. U.S.A.
TEL. (602) 264-5011. FAX (602) 604-8179
editor@orbispress.com
www.orbispress.com

ENSAYOS CLAVES SOBRE CINE LATINO
Antonio Cárdenas Contreras Ph.D.

Serie *Saber Más No. 8*

Primera Edición/ First Edition, 2005

International Standard Book Number/
Número Internacional Normalizado para Libros:
ISBN: 1-931139-32-6

Portada y Contraportada:
Concepto y diseño a cargo del Departamento de Arte de *Editorial Orbis Press*, con la asistencia de Kenset Wannam, Director de diseño gráfico y artístico.

Dedico este libro a todos los honorables ciudadanos que conforman la gran nación de los "espaldas mojadas", especialmente a quienes me hicieron compañía la noche del cruce, el 15 de agosto de 1974. ¡Deseo que hoy sean felices!

ÍNDICE

PRESENTACIÓN

*E*sta *obra es útil por su selección de películas trascendentes y por lo que revela sobre la cinematografía latina contemporánea. De ahí su título, es decir, el carácter clave de estos ensayos que contribuyen a que los filmes adquieran rango de imprescindibles, tanto para estudiantes de cine, expertos y cinéfilos en general. Son ensayos claves porque las películas son obras maestras, es decir, perdurables y representan un reto intelectual: las imágenes no son de estética fácil, transmiten un mensaje de denuncia social, su carácter político demanda reflexión y a sus directores o directoras les preocupa realizar una verdadera transformación cultural. Estos filmes (como* Frida, naturaleza viva; Xica Da Silva, Historia oficial, Se permuta, Tristana, *por citar algunos), no sólo han sido seleccionados por el Dr. Antonio Cárdenas Contreras, sino también por prestigiadas instituciones de educación superior que los incluyen como materias de estudio. Los escogen debido a sus técnicas innovadoras, por sus temáticas y enfoques nunca antes tratados y porque facilitan el desarrollo lingüístico, artístico y cultural de los alumnos—y del espectador en general. Por supuesto, estos estudios son claves también por la forma en que están escritos: hacen apreciaciones de tipo estético, de la estructura en sí, a la manera de los críticos de cine tradicionales, pero, sobre todo, contextualizan las películas en la sociedad que las produce o las observa. Es decir, se hace un acercamiento político ideológico buscando el impacto que producen los filmes tanto en las salas de cine como en la vida real de los espectadores de carne y hueso. Finalmente, si la mayoría de estos textos son cortos, es porque llevan la intención de moldear las bases de los estudiantes o del lector aficionado para una rápida y mejor* *comprensión; ya se sabe que la brevedad facilita el conocimiento y prepara para que se den ampliaciones posteriores al infinito, si así se desea. En cambio, los ensayos más extensos se erigen como modelo para que se perfeccione la técnica ensayística de abordar un filme; sirven para desarrollar el análisis a nivel profesional y preparar trabajos a fin de ser publicados y/o presentados en congresos de especialistas a niveles universitarios. Invitamos, pues, no sólo a presenciar estas películas, sino a gozar de ellas de manera más profunda, integral y trascendente con la lectura de este libro que se suma a los escasos estudios sobre cine latino en lengua hispana.*

Manuel Murrieta Saldívar, Ph.D.

Editor General

Phoenix, Arizona, mayo 2005

I
PELÍCULAS CUBANAS

SE PERMUTA

En términos generales, por cinema crítico —*critical cinema*— se entiende aquel que intenta producir reflexión política y ofrece un espacio para analizar lo cotidiano y la realidad en general. Aborda la problemática social como un fenómeno que no ha de tomarse como natural, sino que propone o demanda del espectador una explicación del estado de cosas:

> In the ideological seams and folds of the ruling practices and aesthetic and social contradictions, of course, other cinematic articulations take shape, such as what I shall call critical cinema—a Brechtian kind of cinema of political self-reflexivity that provides the spectator with the space to critique the everyday "from a social point fo view" (Brecht, 1979, 86) and thus approach the social as something that is not natural but always demands an "explanation". (Zavarsadeh 12-13)

En este sentido, elaborar un análisis político en un filme implica no limitarse a explicar sus elementos retóricos y estructurales, sino que además se interesa en comprender la función ideológica de los contenidos. Se intenta así desentrañar si las películas son portadoras de determinados elementos semióticos que van a impactar a los espectadores para que confirmen o cuestionen su relación real con el mundo circundante y el sistema social dominante donde habitan.

Uno de los teóricos que aborda la función del cinema crítico es Mas'ud Zavarzadeh quien propone algunos lineamientos para el análisis político ideológico de la cinematografía. En términos muy generales, se entiende que sus postulados teóricos proponen no sólo observar la composición retórica estructural de una película sino, en forma determinante, considerar las reacciones de tipo político de los espectadores reales que se encuentran frente a la pantalla. Esta tarea implica a su vez incluir el contexto social porque éste produce una visión ideológica que permea a la audiencia:

This is a contesting, some would say contentious, book. It inquires into the ways ideology circulates in some of the films of the 1980s and helps to establish an "imaginary" relation between the spectator (the subject) and the world. Through such imaginary relationships, the discourses of ideology turn the opacity of the world into a luminous intelligibility that not only makes sense of the reality "out there" but also, and more important, creates meaning for the film's viewer, who becomes in this process a knowing subject. My aim in this book has been to show how seemingly innocent films —what are usually taken to be neutral aesthetic acts of entertainment— are sites of such ideological investment. [...] Film is one of the most powerful of what Foucault calls "technologies of the self", through which the social order fashions the kinds of subjectivities required for its perpetuation. [...] In engaging these technologies of the self and the subjectivities they produce, I have contested not only the films themselves and their ideological construction of the real, but also the spectator who responds to that ideology, by producing intelligible *tales* from these films. (1)

En este sentido, *Se permuta*, primera película producida y dirigida por el cineasta cubano Juan Carlos Tabío en 1983, quien salta a la fama internacional diez años después gracias a su asociación creativa con el director y guionista cubano Tomás Gutiérrez Alea en *Fresa y Chocolate*, puede considerarse dentro de la categoría de cinema crítico siguiendo las propuestas de análisis de Zavarzadeh.

Uno de los puntos centrales de este teórico, útil para nuestro análisis, es que considera que existe un modelo estético-ideológico dominante, subyugado al orden social, que influye en el espectador respecto a la forma tanto de observar como de interpretar películas. Es decir, el medio social impone una determinada manera de valorar el contenido estético del filme a fin de impedir, o provocar, que se interrogue ideológicamente el contenido de las producciones.

A esta consideración propone que los filmes no sólo han de observarse como hechos estéticos aislados, formales, sino además como portadores de cultura y de información política susceptibles de formar subjetividades sociales en el espectador. Es decir, a Zavarzadeh le interesa más el por qué político que el cómo retórico.

Films are not merely aesthetic spaces but political ones that contest or naturalize the primacy of those subjectivities necessary to the status quo and suppress of privilege oppositional ones. Formalist mainstream criticism is too busy investigating the immanent logic of signification in the film to be able to inquire into such questions. Its main interest is in the rhetoric of enunciation: how meaning is constructed in the chain of signification in the film itself. My interest, on the other hand, is not so much in how (rhetoric) but in why (politics): why these films mean what they are taken to mean in the common sense of culture. (5-6)

Uno de los planteamientos básicos que dan cuerpo a su teoría es que, si al espectador se le impone por influencia del medio social dominante determinada estética, se pregunta de qué manera la película produce o no una realidad que apoya el mundo socioeconómico que existe. A esta reproducción de la realidad le llama *tale* o "cuento", entendido como una forma de narrar la película que se presenta como paradigma de la sociedad:

To inquire into the cultural and ideological why of films, I have written what might be called transgressive critiques that aim at overthrowing the over tale (meaning) of each unique film and indicate the "other" tale that is supressed by the dominant one. [...] To be more precise, instead of focusing on the formal aspects of the film, I have concentrated on the ideological conditions of possibility of the formal and have chosen one specific site of the film to inquire into the way that film produces the kind of reality supportive of the existing socioeconomic arrangements. This filmic space I have called the tale:the way that a film offers a narrative-and proposes that narrative to be a paradigm of intelligibility—not simply through its immanent formal devices but also by relying on historically dominant and contractory assumption about reality. (8)

El *tale* contiene los elementos para impactar ideológicamente al espectador el cual, a partir de él, liga o relaciona los significantes de una cultura; por ello, según este crítico, la observación de películas es un hecho político, no sólo una experiencia de placer estético. En consecuencia, ver cine es una lección de conocimiento, que puede instar al público espectador a ser o no ser un buen sujeto político y que asuma una posición en la sociedad. El cine es, entonces, una especie de propaganda que trata de alinear al espectador al sistema social dominante o a que lo critique.

Si el "cuento" es una teoría de realidad engendrado por el modo dominante de producción, el espectador lo entiende cuando está de acuerdo con los modos dominantes de las subjetividades que provee la ideología. Porque, dice Zavarzadeh, lo que se representa como "visible" lo es a medida que la ideología dominante propone un sólo significado. Pero también lo visible se puede captar de varias maneras que dependen de la situación histórica y las contradicciones de la "lucha social".

Ante ello propone la que él nombra como "re-narración", es decir, la manera de desplazar el "cuento" obvio para poder localizar los otros "cuentos" que se ocultan; "re-narrar" es cambiar la lógica de una película para mostrar el o los otros "cuentos". Un crítico de cine, así, puede entender la política y la ideología de una película y observar las contradicciones entre el cuento hegemónico y los otros:

To renarrate is to activate the "other" and thus to destablize and show the contingency of the "existing". Renarration as a reading strategy, then, is a political act that calls attention to the constrution of the real and furthermore opens up a space for contesting the existing. To inquire further into the relation between the "existing" tale and its "possible other" and to understand the urgency of seeing films politically, we need to investigate, at some length, the production of the "real" in culture. (91)

Con la "re-narración", por lo tanto, un filme que es entendido perfectamente por los miembros de una clase, un estrato o un grupo social, como podrían ser los espectadores cubanos dentro de la isla, podrá quedar opaco o sin entender para los miembros de otros sectores sociales, como una audiencia de cualquier sociedad del sistema capitalista. Zavarzadeh, propone además un tipo de espectador, el de "oposición", es decir, aquel que sigue teorías de interpretación políticas y que por el conocimiento histórico, de las estructuras económicas, sociales e ideológicas que posee, le permite sobrepasar los placeres de lo simplemente visible y ver lo político en los productos culturales como los de la cinematografía.

La reacción del espectador, consecuentemente, puede depender del grado de formación y politización que haya alcanzado de tal manera que, por ejemplo, un individuo "burgués" reaccionará de manera distinta al que profesa la "utopía socialista", y así en otros casos como el de una mirada "feminista" en comparación a una "patriarcal", o la reacción de un "proletario" a la de un "líder político" y así sucesivamente.

Todo lo anterior sirve para plantear que la película *Se permuta*, situada en la Cuba socialista de principios de los años ochentas, es posible considerarla como una producción de cinema crítico en dos vertientes básicas: el mensaje político-ideológico, un *tale*, para un espectador cubano isleño, inmerso en el socialismo castrista; y el mensaje, otro *tale*, para un público de fuera que habita o es influido por la ideología y el sistema capitalista.

Las reacciones de estos dos tipos de públicos serán distintas al percibirse los diferentes *tales* que contiene esta comedia humorística de la sociedad cubana: Gloria quiere insistentemente mudarse a un vecindario de mejor prestigio social, por decirlo de alguna manera, ya que su hija Yolanda está siendo cortejada por un simple mecánico de autos —Lazarito. A través de una serie de estratagemas, la madre trata de negociar una "permuta" de su vieja casa situada en un barrio proletario a cambio de un moderno apartamento en un sector más "chic".

La primera pregunta de corte político que despierta la trama anterior es cómo es posible avanzar socialmente en una sociedad cubana en donde todos y cada uno son considerados supuestamente iguales. Incluso, el mismo sistema de "permutar" así lo indica: cuando las ventanas exhiben los letreros de "Se permuta" se está señalando que un cuarto, un apartamento o una casa se encuentra disponible. Pero como los cubanos no pueden ser dueños de ninguna propiedad ni de bienes raíces, no están en condiciones de "vender" sus lugares de residencia. Si alguien se quiere mudar, tiene que "negociar" su espacio con el de algún otro. Puesto que se supone que todos son iguales, cuando la persona encuentra el lugar que le gusta, se pone de acuerdo con quien lo habita para realizar un intercambio, esto es, la permuta, y comienza el lento y agotador papeleo burocrático. Sin embargo, como muchos lugares claramente no son iguales en calidad y ubicación, como le sucede a Gloria, el espacio más valioso por lo general requiere dinero en efectivo sin el conocimiento de las autoridades.

Todo este movimiento desarrolla Gloria y hace una serie de combinaciones con varias personas a fin de conseguir el lugar deseado y sin un cinco, para sorpresa de Guillermo. Mientras hace las permutas, la situación romántica en el triángulo Yolanda, Guillermo y Pepe—en principio compañero de María Cristina—se complica cada vez más; cuando las negociaciones y acuerdos ya están dados y se inician las mudanzas, ese mismo día Yolanda confiesa su amor por Pepe y todo se derrumba.

Éstos acontecimientos del filme contienen elementos que, de acuerdo a la formación y capacidad "re-narradora" del espectador, son susceptibles de producir la reflexión sobre el mundo social real respectivo en el que se habita: un cubano de la isla, por ejemplo, reflexionaría sobre la necesidad de eficientar la vivienda y reforzar la ideología socialista de Cuba en ese momento; un público de fuera, por su parte, captará un mensaje contestatario contra las imperfecciones del sistema castrista pero a su vez encontrará una lección adoctrinadora sobre la solidaridad que se da en el socialismo. De esta forma, *Se permuta* es un filme que bajo un análisis político riguroso, por una parte, tiende a reproducir al sistema social que refleja y de donde surge pero, por otra parte, también presenta ciertos elementos contestatarios sin minar la base ideológica castrista-marxista. Veamos:

Se permuta sigue siendo, a pesar de haber sido producida más de 20 años después del triunfo de la revolución cubana, una película que de alguna manera se apega a la estética del realismo socialista; su función ideológica de reproducir el castrismo encuentra su antecedente en el origen mismo del cine cubano de la revolución cuando se define una táctica con orientación pedagógica de convocar al endoctrinamiento oficialista de la colectividad. El cine, al igual que las demás producciones culturales que se llevaron a cabo en la isla al triunfo de la guerrilla, se conformó al principio ideológico expresado por Fidel Castro durante las famosas reuniones que sostuvo con los intelectuales en la biblioteca José Martí a principios de los años sesentas: "Dentro de la revolución todo; contra la revolución, nada" (Thomas 95).

En este sentido, *Se permuta* sigue cumpliendo este precepto sólo que ahora lo lleva a cabo con efectos más sofisticados y artísticos, lejos de los documentales y escenas explícitas prosocialistas del inicio. Ya no es aquel tipo de película abiertamente doctrinaria que seguía al pie de la letra la línea leninista de la revolución; una línea que comprendió desde muy temprano la importancia y el efecto ideológico propagandista que los medios de comunicación social, y en especial el cine, tendrían en la conciencia individual y colectiva. En aquel entonces, marzo de 1959, Castro creó el Instituto Cubano de Arte e Industria Cinematográfica, (ICAIC), para llevar a cabo la tarea doctrinaria y obtener el éxito deseado de inculcar el socialismo; no es casual, entonces, que este mismo organismo sea el productor y el financiador de *Se permuta*, como se lee en los créditos de la misma.

Por lo anterior, resulta lógico razonar que este filme de alguna manera ha de ceñirse a los objetivos ideológicos oficiales del ICAIC como son los de producir no sólo cintas de largo y mediometraje, sino también documentales didácticos, dibujos animados, la enciclopedia popular y las ediciones Noticiario Latinoamericano. Igualmente, este organismo estableció una divulgación masiva de sus producciones a fin de ampliar su programa doctrinal, sistema que incluía en sus comienzos una red de cines móviles capaces de llevar la pantalla grande a los lugares de más difícil acceso; era una manera de romper el monopolio clasista y metropolitano que la burguesía había consolidado y de desmantelar los vehículos transmisores de la ideológica capitalista.

De esta manera, el gobierno castrista utilizó desde sus comienzos el cine y otros medios de comunicación social para exponer los planes y exaltar los logros de la revolución. En todas las producciones de tipo informativo y cultural el tema central era la revolución y la propagación de su ideología (Alvarez 152); el pueblo cubano, el cual había tenido acceso al cine de Hollywood por más de la mitad del siglo XX, de repente se encontró ahora consumiendo la ideología del marxismo leninismo, como antes del capitalismo norteamericano.

Es de esperarse entonces que el ICAIC, después de construir todo este sistema de persuasión, de adoctrinamiento y de distribución, no iba a producir y transmitir filmes contestatarios que se opusieran a este mismo organismo y al socialismo castrista en general. Por ello, los lineamientos y objetivos ideológicos generales del ICAIC no se diluyen ni se pierden totalmente en *Se permuta*, lo cual fue posible en última instancia gracias a este organismo y al aparato estatal de la revolución cubana.

Lo único distinto de aquellos inicios, es que *Se permuta* deja de ser un panfleto y adquiere carácter de obra de arte pero sin dejar de cumplir su papel doctrinal; sigue siendo efectiva en su intención ideológica en favor del sistema: simplemente recuérdense las imágenes de Gloria en sus afanes por mejorar, presentados con cierta ironía; surge ahí una fina sátira que critica las ambiciones individualistas, es decir, los valores burgueses, penados por una ideología socialista que promueve la solidaridad humana.

Y es que el cineasta del castrismo sabe que la utilización del cine como medio para la difusión masiva del socialismo, no se diferencia formalmente de los métodos capitalistas, como el de la industria hollywoodense, por ejemplo, empecinada en promover el consumismo y en cuyas producciones se promueve el capitalismo. Ya se sabe que la finalidad más evidente en el caso de Cuba es la consideracion del cinematógrafo como elemento de promoción del pensamiento marxista-leninista y de la élite castrista, aspecto que se cumple en *Se permuta*: nunca critica estos principios ideológicos sino sólo la situación formal de la vivienda.

En este sentido, y continuando con los antecedentes históricos, es necesario contextualizar que a unos pocos meses de la creación del ICAIC, en una especie de guerra ideológica y de descolonización del capitalismo, los films de Hollywood dejaron de llegar a las salas de proyección cubanas y de forma rápida fueron sustituidos por los soviéticos y checoslovacos, es decir, producciones que asentaban las bases de la nueva ideología del Estado (Alvarez 154). *Se permuta*, pues, sería la continuación de esta tendencia y nunca podría ponerse a favor del capitalismo, a pesar de sus denuncias sobre la problemática habitacional, ni de una estética ni de un sistema contra los que ha venido luchando el organismo productor del filme desde su fundación.

Porque, como lo plantea Terry Eagleton, "el filme está constantemente modificando las percepciones [del receptor], constantemente produce un efecto de *shock*" (63). Y ahora el espectador cubano de los años ochentas, producto de la intensa ideologización prosocialista de las dos primeras décadas, con películas como la aquí analizada, recibe el *shock* en *tales* de penetración ideológica más refinados. Así lo muestran las escenas donde el ingeniero civil Pepe se opone al burócrata Guillermo.

Pepe es presentado como un idealista que todavía quiere fincar su felicidad en la solidaridad hacia los "compañeros y compañeras" necesitados de vivienda; quiere diseñar una técnica de construcción más económica para cuya aplicación, incluso, está dispuesto a mudarse a la zona de trabajo, lejos del prestigio habanero; además, muestra ternura y apoyo hacia los demás como cuando ayuda a la niña a arreglar su muñeca o consuela al viejo al calor de unos tragos.

Y Guillermo, por su parte, se presenta en cambio como el burócrata aprovechado que busca el éxito personal, sin importar el derroche dentro de su oficina; se encuentra al otro extremo de Pepe porque utiliza los proyectos destinados al beneficio colectivo para su provecho individual. Es un hábil funcionario del gobierno que sabe manipular al sistema y obtener imagen y posición además de placeres y diversión. Corteja a las mujeres no con ideales de servicio, sino impresionando con sus posesiones—el carro, la zona donde habita;

sería un candidato ideal para dejar la isla en pos del ansiado Miami y así poder satisfacer sus aspiraciones de riqueza material, de confort y prestigio social al estilo burgués.

Con estos *tales*, no es de extrañar en consecuencia que *Se permuta* transmita en forma global la ideología oficial castrista y siga cumpliendo los otros objetivos del ICAIC más especificos que se resumen en el texto *Diez años de cine cubano* (1969):

El cine debe constituir un llamado a la conciencia y contribuir a liquidar la ignorancia, a dilucidar problemas, a formular soluciones y plantear dramática y contemporáneamente los grandes conflictos del hombre y la humanidad […] el cine constituye por virtud de sus características un instrumento de opinión y formación de la conciencia individual y colectiva y puede contribuir a hacer más profundo y diáfano el espíritu revolucionario y a sostener su aliento creador. (8)

Al hacer una crítica humorística sobre las condiciones de la vivienda—deterioro, escasez, burocratismo—; al transmitir el mensaje de solidaridad hacia las necesidades colectivas, como lo hace Pepe, *Se permuta* todavía encaja con la misión del ICAIC. Este film, de cierta manera, es de propaganda oficial y se identifica, aunque de forma más sutil, con la tarea de concientización de las primeras producciones doctrinales del instituto cinemagráfico. El *tale* de Pepe, para el espectador de la isla, transmite ese "espíritu revolucionario y a sostener su aliento creador"; sobre todo cuando este personaje, en su función de ingeniero civil, desarrolla con entrega y pasión unos planes de proyecto habitacional con sentido económico y para el beneficio colectivo; y, de premio, despierta el amor de Yolanda.

Entonces el mensaje doctrinal es claro: sirve a los demás, combate tu egoísmo e individualismo burgués, y obtendrás la felicidad realizando tu vocación y recibiendo la admiración, y hasta el amor, de tus "camaradas". Y el socialismo, aunque imperfecto pero evolucionando, aún está ahí para ofrecerte esta oportunidad.

Sin embargo, y por otra parte, es necesario reconocer el cambio en la estrategia ideologizante que permite a esta película adquirir carácter contestatario. En primer lugar, como lo sugiere Zavarzadeh, no debemos separar a *Se permuta* del medio social donde surge ni de su agente productor ya que a partir de ellos se origina en mucho la decisión de darle un toque denunciativo. Porque este filme forma parte de las primeras películas del período en donde se empieza a iniciar una especie de apertura, finales de los años setentas y principios de los ochentas, y surgen ya cuestionamientos a ciertos aspectos del socialismo castrista pero no a sus élites dirigentes ni a los principios marxistas leninistas. Esta apertura en el cine, y en toda la producción cultural cubana, se está dando debido a los cambios que se suceden en el socialismo mundial, sobre todo el soviético, a la escasez de presupuestos para proyectos artísticos en la isla y a otros factores relacionados como lo sintetiza Alvarez:

> Los años 80, y lo que va de los 90, han sido los de la catastrófica caída del bloque socialista, la ejecución del general Ochoa, la cancelación de varias publicaciones por la escasez de papel, la muy publicitada "rectificación" y de implementación y recrudecimiento del período especial. Sin lugar a dudas el presupuesto cultural ha sido reducido considerablemente. Esto ha motivado que el ICAIC, aliado a empresas europeas que aseguran el presupuesto necesario, se aventure a ejecutar filmes con más elementos de carácter contestatario que emulan burlescamente y por lo tanto le hacen una fuerte crítica a la sociedad revolucionaria; sin embargo, nunca tocan los más altos niveles del gobierno: es decir, a los hermanos Castro o sus principales tenientes. (162-3)

Se permuta, ubicada en este contexto, es un ejemplo de la evolución en los temas llevados a la pantalla y se ajusta a las cambiantes realidades del pueblo cubano el cual es, a su vez, el principal consumidor; la producción cinematográfica cubana, pues, ha de transformarse para reflejar y al mismo tiempo interesar a su público natural para que acuda a la pantalla e, incluso, canalizar el descontento y la protesta. Funcionará entonces como una especie de válvula de escape social. Como lo plantea Michael Ryan: "las representaciones fílmicas provocan la identificación o simpatía del público quien asume diferentes posiciones en los debates sociales" y, hasta cierto punto, el cine cubano de los últimos años ha tenido cierto grado de libertad por lo cual, "al vaivén de estas luchas sociales, en parte, determina qué tipos de representaciones se llevarán a la pantalla" (Ryan 481). Por lo anterior, es posible ubicar a *Se permuta* dentro de esta etapa de cine político caracterizado por hacer un cuestionamiento más visible contra la creciente burocracia y lo que ésta implica para todos los cubanos de la isla. Abordamos así a un nuevo aire en donde se permite una libertad de expresión y una crítica a ciertos aspectos de forma del socialismo, como en este caso la vivienda, pero no a las bases ideológicas y del poder castrista; este filme refleja la protesta como una especie de paliativo pero no ataca a fondo la problemática social ya que atentaría contra los cimientos del sistema.

Por ello *Se permuta*, como después la película *Plaff* (1988) del mismo director Tabío, se atreve, o más bien, se le permite derrumbar ciertos mitos e ideales del socialismo utópico, supera cierta censura y presenta la ineficiencia, privilegios y discriminaciones reales existentes en la Cuba socialista. Y, sobre todo, arremete contra el burocratismo que en *Se permuta* complica la adquisición de casas en buenas condiciones y la construcción de grandes proyectos colectivos.

Pero la crítica contra el burocratismo no es gratuita ni atenta sólo a las deficiencias del socialismo sino que, a su vez, es una condena contra el sistema económico anterior ya que el castrismo, en su discurso oficialista, hábilmente proclama que es [el burocratismo] una "lacra capitalista que no tiene lugar en una sociedad marxista donde todos trabajan por la causa común del país y su pueblo" (Alvarez 205). Plantear la problemática habitacional, entonces, no sirve únicamente para mostrar ciertas fallas del sistema cubano real, sino también ejemplifica las consecuencias del abultado burocratismo cuyo surgimiento, en última instancia, se quiere responsabilizar al pasado burgués.

Si se relaciona el tema de la burocracia y la ineficiencia estatal, una renarración indica que en *Se permuta* ambas son un factor que contribuye a la situación de los personajes, a los *tales* de Gloria y Guillermo con sus ambiciones individualistas y su batallar para obtener la residencia de sus sueños; y a los de Pepe y Yolanda con su desplazamiento de la urbe habanera y el darles largas a la concreción de su proyecto de habitación colectiva. Es necesario aclarar que la crítica en este filme no es abierta sino que sale a relucir a través del desarrollo de la trama; no obstante, la renarración por parte del ciudadano cubano que habita en la isla puede hacer una interpretación contestataria, ya que lo representado es parte de su vida diaria. Se apega a lo estipulado por Zavarzadeh:

> To renarrate is to activate the "other" and thus to destablize and show the contingency of the "existing". Renarration as a reading strategy, then, is a political act that calls attention to the construction of the real and furthermore opens up a space for contesting the existing. (91)

Con todo, *Se permuta*, a pesar de ser ópera prima del director Tabío, es uno de los mejores filmes que ataca humorísticamente, de ahí su alejamiento del panfleto, la perenne burocracia cubana. No se trata de un documental, en exceso ideologizado, explícito en su mensaje, que muestre el problema de la vivienda de forma acartonada o politizada; tampoco consiste en un filme altamente doctrinal y que exalte de manera idealista en favor, por ejemplo, de los ambiciosos programas habitacionales de la revolución que estipulaban terminar definitivamente con la especulación de los terrenos y la vivienda; mucho menos es un panegírico dogmático que abogue por la población marginada y que defienda a capa y espada aquel objetivo trazado en los primeros años del castrismo con su objetivo de "iniciar un plan inmediato de construcción de viviendas para el proletariado urbano y rural", como parte de la "aplicación práctica de los principios enunciados en el programa del Moncada, tendientes a resolver los problemas fundamentales del pueblo cubano, relegados durante medio siglo de la República mediatizada" (Segre 32).

Nada de lo anterior, por el contrario, *Se permuta* presenta, en una renarración hecha por el espectador cubano de la isla, la problemática de manera realista pero divertida, cotidiana pero verídica y, sobre todo, alude a la sociedad cubana de la época en su totalidad, con sus defectos, detalles y pequeñeces—la caída del letrero en el portón de una vieja casa, las tribulaciones del transporte público, los debates de tumbar o no una pared de la sala para añadir un cuarto más para alojar al nuevo niño que vendrá, etc. Y para la renarración de un espectador foráneo, como nosotros, las escenas y situaciones anteriores pudieran parecer quizá demasiado exageradas o producto de la simple ficción.

Sin embargo, los cubanos isleños saben que es imaginación sólo hasta cierto punto porque viven sumergidos en un mundo de burocracia que se extiende a todos los niveles, no únicamente en lo habitacional, sino también "en el trabajo, los comités de defensa de la revolución (CDR), las tiendas, los hospitales, hasta en la heladería Coppelia" (Alvarez 209).

Y bien....¿Cómo pudo lograrse este tratamiento ciertamente contestatario para los márgenes de expresión del cine cubano? En este aspecto es necesario resaltar que la inclusión de las críticas pudieron pasar o, mejor dicho, pudieron ser aprobadas, y se pudo permitir la proyección y distribución de *Se permuta* a través de los canales del ICAIC, porque el filme no atenta ni desprestigia a la élite intocable castrista del gobierno, ni a los principios básicos del socialismo marxista leninista ni a ningún otro héroe o ícono fundador de la cuba comunista.

Al ser financiada por el régimen de Castro, obviamente que ha de convalidar o por lo menos no desprestigiar su figura; el ICAIC y el castrismo, en consecuencia, no serían ingenuos como para producir una película lo suficientemente contestataria que se opusiera al sistema que la sustenta. De esta manera, el director Tabío, y el aparato ideológico económico que está detrás de él, ataca el mal burocrático de la permuta afectando al ente político gubernamental pero sin transgredir los parámetros intocables de las cúpulas de manera específica. De cualquier forma, una interpretación, una renarración, tiene que señalar que el mal de la vivienda no está en los individuos sino en el sistema socialista que los controla. Y la película se encarga de mostrar este sistema como imperfecto, si, pero que a su vez se encuentra en camino de perfección.

Por ejemplo, la renarración para un cubano isleño indica que se sigue mitificando y se refuerza el concepto de la solidaridad dentro del socialismo, se inculca la cultura del "compañerismo", poniendo en alto el ideal del Che Guevara del "hombre nuevo" el cual alcanza su máximo esplendor al finalizar el filme cuando se da el enamoramiento de Yolanda y Pepe; a ellos los une, o lo que despierta el amor entre ellos, es el servicio al prójimo, a los "camaradas".

A un espectador foráneo le puede pasar por alto este fuerte mensaje reforzador de la solidaridad socialista, pero al público cubano de la isla, domesticado en este ambiente, se le inculca con ternura, se le recuerda, para que siga apoyando al castrismo y viva con la esperanza de obtener una vivienda construída por ingenieros y arquitectos como Pepe y Yolanda.

Por todo lo anterior, *Se permuta* adquiere carácter de cinema crítico en el sentido zavarzadehano de producir reflexión política sobre el estado o el contexto social en el que habita el espectador; los *tales* de Gloria, Guillermo y de María Cristina, por un lado, y los de Yolanda, Pepe y Lazarito el mecánico, por otro lado, al ser renarrados por los espectadores isleños despiertan, como hemos visto, lecturas de contestación y de denuncia pero también de idealismo para perpetuar el sistema.

Pero la categoría de obra de arte, y no de panfleto, de *Se permuta* permite que al mismo tiempo sea un filme de cinema crítico que apele no sólo al cubano interno sino al fuereño y, de aquí su universalidad, al gran público del exterior; a estos últimos la película les revela no sólo las condiciones deficientes del socialismo y de la problemática real a la que se enfrenta su desarrollo, sino que además, lo que no deja de impresionar, se dibuja una intensa y fuerte crítica al consumismo e individualismo que despierta en el ser humano el capitalismo.

Porque, sobre todo, los *tales* de Gloria y Guillermo, transmiten valores más propios del burgués y su afán de posesión material, de placer hedonístico, del confort y del prestigio social. La renarración de un espectador foráneo puede interpretar que ellos luchan por los mismos objetivos por los que a diario sobreviven, a veces sin nunca lograrlos, los miembros de las clases medias y bajas de la sociedad capitalista explotados por la clase empresarial.

Gloria y Guillermo, por un lado, se pueden considerar como remanentes de la ideología burguesa que aún imperan en Cuba o, por otro, como víctimas de la incesante propaganda capitalista consumista que se transmite desde territorio norteamericano o la transportan los turistas occidentales que llegan a la isla.

Las estratagemas de Gloria y Guillermo por combinar permutas, sus chismes, sus inspecciones a las viviendas que visitan, etc. hacen que el filme, con todo y sus rasgos humorísticos y denunciativos, transmita *tales* que reflejan el grado de enajenación, ya sea como remanente o influencia reciente, al que puede llegar el ser humano en su afán de mejorar materialmente.

Un espectador crítico de orientación marxista puede renarrar que en este *tale* se revela, como antes se hacía contra el burocratismo socialista, una crítica contra el consumismo irrefrenado que fomenta el capitalismo; esta interpretación, a su vez, puede tomarse como consideración para entender por qué el castrismo y el multimencionado instituto cubano de cine hayan decidido producir y distribuir esta película. Y ahora sí, este *tale* hace una propaganda para desprestigiar el mundo capitalista.

La crítica contra los valores burgueses, pasados o recientes, se inicia desde el momento en que Gloria muestra deseos de escalar socialmente cuando ve que la posible relación de Yolanda con Lazarito el mecánico va a colocar a la hija en estado proletario de por vida. De inmediato, la madre se moviliza para impedir a toda costa la relación y en uno de los chismes con María Cristina descubre la salida perfecta que le ofrece el medio ambiente cubano: permutar, no porque necesite una mejor casa, sino porque quiere alejar a Yolanda del mecánico y exponerla a una atmósfera social con pretendientes de mejor nivel. Es decir, es una "trepadora social", al mejor estilo de las clases medias de la sociedad capitalista influenciadas por la ideología de la clase empresarial explotadora. Gloria, al revelar por teléfono a su amiga Migdalia que se encontró una carta de Lazarito, comenta sobre la posible relación:

...una se enamora de un cualquier don nadie, se casa y despúes son las cosas así...sí...eso mira. ¿A qué otra cosa puede aspirar Yolanda en un barrio como este que a un mecánico, a un guagüero?... Sí..sí...es el barrio, Migdalia, es el barrio...

Mientras continúa la llamada telefónica, arremete contra el barrio donde habita, al tiempo que aparecen en escena rostros anónimos de vecinos trabajadores, proletarios, golpeados por la vida de restricción y contingencia del pueblo cubano marginado. Este *tale*, desde la renarración del espectador crítico que venimos manejando, lleva la intención de mostrar las razones y el contexto donde viviría Yolanda en caso de lograrse la relación con el mecánico repudiado por la madre.

Igualmente, pone a Gloria en un estado de deshumanización y de especie de Celestina mercader: convierte a Yolanda en trofeo y en objeto sexual intercambiable para usufructo de un hombre de posición económica y buen estatus social al estilo del burgués triunfador: Guillermo, quien además de vivir en El Vedado—zona habanera de mayor prestigio—, puede asegurar una vida material y de mejor estatus a Yolanda dadas sus cualidades de burócrata exitoso, a según lo transmiten sus posesiones—el auto, por ejemplo; además, a diferencia del mecánico y posteriormente de Pepe que son morenos y se inclinan por el colectivo, Guillermo es blanco y rubio, individualista al estilo *self made man*, lo cual aumenta sus "bonos" según el cuadro ideológico colonizado de Gloria—un sub *tale* que no es accidental de la película que trasluce el impacto del racismo en Cuba como remanente de la sociedad de clases burguesa.

Este cuadro, incluye, para rematar, la personalidad despreciativa, insensible, de desinterés social de una Gloria que se convierte en una experta en explotar las necesidades habitacionales y los sentimientos de las personas para aparentar que intenta beneficiarlas; al desarrollarse los acontecimientos sobre las permutas, hace una especie de juego de ajedrez para quedarse con la mejor casa sin importar las consecuencias de los demás involucrados.

De esta manera, el grupo compuesto por Guillermo, María Cristina y Gloria se maneja como símbolo del grado de obsesión, alienación e insensibilidad social en su afán por conseguir, a toda costa, un espacio prestigioso donde habitar. El *tale* propagandístico a favor del socialismo está claro: las aspiraciones burguesas de acumulación material, confort y hedonismo, llevan a la deshumanización, al desprecio social, a la superficialidad y a la cursilería.

Así lo muestran las imágenes de Guillermo y María Cristina, quien finalmente abadona al idealista Pepe, cuando están encamados haciendo planes de los objetos que conseguirán una vez obtenida una nueva casa, escena que contrasta con la de Yolanda y Pepe conformes con cualquier espacio pero realizados en el proyecto de construcción habitacional colectiva.

Sin embargo, Gloria intensifica esta simbología que desprestigia al sistema enemigo del castrismo al aspirar a una vivienda donde habitarán ambas pero usa a la hija como mercancía; la siguiente escena, acompañada de música de piano glamorosa, es reveladora ya que la madre imagina encantada, sueño burgués realizado, a Yolanda y Guillermo bajar en traje de novios por la escalera dentro de una mansión; al mismo tiempo, suegra y nuero, en la realidad de la película, discuten mundanamente los planes para conseguir una casa permutada:

(Guillermo): —Yo pongo el apartamento mío; entonces con el apartamento mío y este suyo, usted me consigue una casa. Pero, fíjese bien, una casa...
(Gloria): —Sí.
—Usted me entiende.
—Si, una casa.
—Quiero la felicidad de Yolanda. Yo necesito rodear a Yolanda de comodidad, de belleza, seguridad, relaciones. Por qué... por qué no... Gloria.
—Si mi'jo... Perdóname, me he emocionado porque me he dado cuenta de que tú quieres a Yolanda de verdad. No te preocupes que yo voy a conseguir una buena casa. Una casa...una casa grande.
—Eso.
—Una casa...para Yolanda. Una casa para que tú hagas feliz a Yolanda.
—Eso.
—Con un gran jardín que rodee toda la casa.
—Ah, y cercado el jardín.
—Sí, con una cerca... eso. Una casa para que tú hagas feliz a Yolanda...una casa maravillosa, una casa para Yolanda...

¿Qué más critica se puede esperar contra el consumismo que fomenta el capitalismo? Y el efecto es impactante porque luego de estas escenas la cámara hace el contraste al aparecer la madre siendo transportada en una "guagua" atestada.

Redondeando, el *tale* Gloria-Guillermo-María Cristina para el espectador isleño en su vida cotidiana puede, como vimos, renarrarse como contestatario dado el cuestionamiento que hace al grave problema de la vivienda y el burocratismo. Y para un espectador crítico de orientación marxista, este mismo *tale* en un principio refuerza los objetivos originales del ICAIC ya enunciados, se alínea a la política de Castro porque nunca toca a su élite y convalida el socialismo en general al denunciar la enagenación que produce el consumismo y la obsesión de acumular objetos materiales.

Los personajes de este *tale*, en su insistencia por conseguir una vivienda que simbolice estatus y prestigio, cumplen lo que históricamente, en la evolución humana de la arquitectura, el nivel de concreción que Roberto Segre llama de tipo "teórico", basado en formulaciones hipotéticamente reales, cuya concreción constituye una aspiración y una expresión de deseos. [Esta] propuesta teórica constituye la utopía, que está caracterizada por dos tendencias antagónicas: la utopía ideal, evasiva, y la utopía real, progresista. (79)

Por ello, Gloria, Guillermo y María Cristina parecen añorar nostálgicos la Cuba precastrista de esplendor burgués o, utópicamente, sueñan vivir como sus paisanos exitosos de la Florida al estilo, digamos, de los músicos de origen cubano Emilio y Gloria Estefan; coincidentemente, se asocian con la psicología de los personajes urbanos narrados en la novelística de La Habana socialista como lo sintetiza magistralmente Ineke Phaf:

> Los personajes de las novelas en La Habana socialista echan de menos el esplendor metropolitano pasado, desde la posición del outsider, o se solidarizan con el proceso de cambio social y se orientan exclusivamente hacia el futuro. (176)

Gloria, Guillermo y María Cristina, entonces, se han quedado estancados en los valores burgueses—ambiciosos, egoístas, prácticos, calculadores, hedonistas; aparentan no haber evolucionado ideológicamente porque no portan sueños e ideales de mejorar la sociedad; saben sacar ventajas a las condiciones reales del sistema cubano pero no intentan mejorarlo. Son todo lo contrario al "hombre nuevo" que la revolución socialista quiere crear, seres fácilmente manipulables por los medios y el estilo de vida del principal enemigo de la revolución castrista: el *amerian way of life*. En cambio, el *tale* de Pepe y Yolanda, en el sentido de que participan en la realización de complejos habitacionales colectivos, se ubican más, dentro de esa evolución de la arquitectura que menciona Roberto Segre, en el nivel de concreción "práctico e inmediato, respuesta objetiva a las necesidades de la sociedad" (79). Son personajes que se adaptan a los cambios sociales y semejan a sus similares de la narrativa urbana habanera desde cuyos puntos de vista

> la vida de la gran ciudad se había distanciado demasiado precisamente de aquellos problemas concretos del país, que ahora son tematizados en el ámbito de la reconstrucción social. (Phaf 176)

En consecuencia, es evidente que este *tale* contradiga diametralmente al anterior. El espectador crítico que haga una renarración simbólico ideológica de Pepe y Yolanda encontrará que ellos representan la denuncia al sistema capitalista y favorecen por ende al socialismo castrista, justificando la función propagandística del ICAIC que produce *Se permuta*. Porque este *tale* protesta contra la alienación consumista, la acumulación de bienes, el individualismo y egoísmo hedonistas, prácticas y valores todos que son descartados cuando la pareja decide entregarse de lleno a la construcción de casas para el colectivo cubano.

Y Yolanda, además, al rechazar a Guillermo, lo hace también contra el prototipo del burócrata oportunista insensible socialmente, rechaza al burgués materialista y toda su cauda de valores capitalistas que bombardean al cubano isleño. En este sentido, el mensaje político social es contundente: ningún ser humano debe basar, o imponérsele como lo intenta hacer su madre Gloria, una relación de pareja en intereses materiales y de la posesión de objetos pasando por alto valores más profundos como la vocación, el servicio al prójimo o los sentimientos surgidos por decisión libre.

El rechazo de Yolanda la convierte en una especie de nueva heroína del socialismo porque triunfa por sobre las tentaciones y seducciones de las comodidades de la vida material, alimentadas por la propaganda capitalista; ella no concibe la felicidad como mera acumulación de cosas ni en torno al consumo. Es nueva heroína porque se aleja del simple papel burgués de esposa, madre y ama de casa y aspira a ejercer el derecho humano de relacionarse con quien le plazca y realizar su vocación—de acuerdo a los parámetros del servicio colectivo que promueve el socialismo.

Yolanda, finalmente, también es heroína porque se libera de un matrimonio impuesto y porque pasa de un objeto de intercambio a un ser pensante con sus propios sentimientos e iniciativas, y las ejerce. Es una rebelde que consigue sublevarse contra la madre, contra una relación sin amor y contra la reproducción de las metas burguesas. En este sentido, y desde el punto de vista de los valores del socialismo y de ideologías preocupadas por el prójimo, su papel éticamente sería superior en contraste al individualismo y la asimilación a los valores burgueses de Gloria y Guillermo. Yolanda y Pepe son así los modelos del "hombre nuevo" que aún puede darse en el socialismo castrista y justifican la realización de la película porque refuerzan los valores de la solidaridad y la camaradería.

Este *tale*, en verdad altamente de cinema crítico, invita a la reflexión, y quizá a la praxis, sobre los dos sistemas sociales en pugna: un espectador cubano que favorezca al régimen castrista, o uno de formación marxista, tenderá a identificarse con Pepe y Yolanda dado el compromiso social que transmiten; pero el espectador que simpatice con valores burgueses es probable que los rechace por su conformismo e idealismo inclinándose más a favor del *tale* de Gloria y Guillermo por su afán de "mejorar".

Estos *tales*, las renarraciones y las potenciales reflexiones que provoca permiten que *Se permuta* confirme su carácter de un bien logrado cinema crítico: impacta a espectadores cubanos y fuereños, susceptibles de analizar el estado social o el sistema respectivo donde habiten en su realidad particular; el primero reflexionará sobre la problemática vigente del socialismo, vivienda y burocracia, mientras que el segundo sobre la nobleza de la ayuda al prójimo, el consumismo y la enagenación que produce el sistema capitalista.

Sin embargo, conocida la misión del ICAIC y el aparato político que produce la película, y considerando las escenas finales que favorecen al *tale* de Yolanda y Pepe, es posible concluir que *Se permuta* lleva la intención de reforzar la fe en el régimen socialista en general, y castrista en particular. Ello porque el filme castiga a quienes portan valores contrarios al sistema cubano: Guillermo es despedido de su puesto sin conseguir ascensos y se desprestigia socialmente en tanto que la madre no consigue la casa de sus sueños y acepta resignada la relación de la hija mientras lo platica a los pasajeros en una "guagua" cualquiera. En cambio, Yolanda y Pepe son los héroes triunfadores ya que finalizan realizando su amor y su vocación sirviendo al prójimo.

Otro elemento, finalmente, que comprueba el carácter procastrista de la película es que así como cumple la misión del ICAIC, así Pepe y Yolanda continúan de alguna manera las proclamas habitacionales de la época de los sesentas relacionadas con el carácter socialista de la revolución; entre otras cosas, establecían una serie de leyes fundamentales que permitirían a Castro el control de las estructuras económicas en manos de la burguesía y que, en el campo específico de la vivienda, se procuraba el ahorro y la eficientización de los recursos, como el plan de Pepe, aplicando

nuevos sistemas de prefabricación, flexibles, económicos y adaptados a las condiciones locales con el fin de lograr una mayor diversificación de los componentes y su intercambiabilidad a partir de las normas establecidas por la Coordinación Modular Uniforme y su posible vinculación con los sistemas tradicionales que en su conjunto logren alternativas tipológicas—desde la célula hasta la escala urbanística—, adaptables a una amplia diversidad de requerimientos, sociales y ambientales. (Segre 68)

OBRAS CITADAS

Alvarez IV, José. "La cultura contestataria en Cuba revolucionaria: cuento y cine (1959-1993)". Dis. Arizona State U, 1996.

Diez años de cine cubano. Montevideo: Marcha, 1969.

Eagleton, Terry. Marxism and Literary Criticism. Berkeley: U of Los Angeles P, 1976.

Fauriol, Georges A., Thomas Hugh S. y Juan Carlos Weiss. La revolución cubana. 25 años después. Madrid: Editorial Playor, 1985.

Phaf, Ineke. Novelando La Habana. Madrid: Editorial Orígenes, 1990.

Ryan, Michael. "The Politics of Film: Discourses, Psychoanalisis, Ideology." Marxism and The Interpretation of Culture. Eds. Cary Nelson and Lawrence Grossberg. Chicago: U of Illinois P, 1988.

Segre, Roberto. La vivienda en Cuba en el siglo XX: república y revolución. México, D.F.: Editorial Concepto, S.A, 1980.

Zavarzadeh, Mas'ud. Seeing Films Politically. Albany: U of New York State P, 1991.

ANTONIO CÁRDENAS CONTRERAS

MUJER TRANSPARENTE

La voz de la mujer cubana es penetrada por la cámara de cinco directores y cinco cortometrajes bajo la dirección general de Humberto Sola en *Mujer transparente* (1991). Este conjunto de cortos son ejemplo claro de cómo la formación de los géneros sexuales, y su sistema de símbolos, son producto de quienes sustentan el poder económico y político, independientemente de sistemas sociales. De esta manera, los directores sondean las profundidades de un océano psicológico de pasiones, frustraciones, reconciliación y tabú que van marcando, o revelando, los constructos de género para la mujer de la Cuba socialista. En este proceso, por supuesto, intervienen remanentes del sistema capitalista, que la cúpula castrista oficialmente combate, y que habían mantenido, o mantienen, a la mujer en estado de subordinación frente al hombre. En forma sintética, esto sería en sí el corazón de los distintos cortos. *Mujer transparente,* al mismo tiempo, formula preguntas sobre la identidad femenina, la individualidad como ser humano y su rol en la sociedad socialista cubana contemporánea.

Se tiene entonces que, si el sistema de géneros sexuales se encuentra íntimamente interconectado con factores económicos y políticos en toda sociedad, la construcción de un ser femenino en la sociedad socialista cubana también es un hecho, aunque con caracacterísticas distintas a como se forma en las sociedades capitalistas. Como la plantea de Lauretis:

> The cultural conceptions of male and female as two complementary yet mutually exclusive catergories into which all human beings are placed constitute within each culture a gender system, a symbolic system or system of meanings, that correlates sex to cultural contents according to social values and hierarchies. (5)

Así, *Isabel,* protagonista del primer cortometraje con ese mismo título, es "una ama de casa" en la edad de su madurez. Un *tale* propagandístico indica que el socialismo la hace descubrirse dueña de sí misma, toma conciencia del papel de sumisión que el patriarcado siempre le quiso aplicar. Básicamente, su historia es la de tantas mujeres latinoamericanas que viven la doble vida de los quehaceres domésticos y el empleo, formación que se les aplica desde su nacimiento. Pero Isabel se formula ya la gran pregunta ¿Y si la mujer aporta más que el marido? ¿Puede la mujer acceder a cargos de poder? Isabel sufre un complejo de culpabilidad, remanentes del sistema patriarcal, cuando descubre sus propias habilidades y capacidades que habían sido opacadas en su pobre vida conyugal. Al recibir un ascenso a Directora de Departamento, se esconde en el silencio de su matrimonio donde los roles están preestablecidos por la sociedad paterna que se combate pero que aún subsiste: la mujer sirve y escucha, el hombre trabaja y habla. No se atreve a confesarle a su marido de su nuevo estatus porque sabe que jamás podría aceptarlo. "Dirigir no era tan difícil más difícil, era hablar con mi marido. Yo no sé de qué se jactan tanto los hombres con cargos", sentencia.

Isabel encarnará el rol de la mujer madura, moderna y feminista al pisar el terreno vedado para otras mujeres. Ya no será moldeada, como la antigua sociedad que se combate, a su marido y a sus hijos, preparando desayunos y planchando camisas, sino que se convertirá en un ser individual y liberado. La sociedad socialista transmite un *tale* procastrista, le ha abierto una puerta con el movimiento de la modernidad, por eso la figura del hombre se presentará corroída y atada a los preceptos estancados del pasado machista. Siguiendo a Lauretis, el constructo del género femenino en el socialismo cubano es de más libertad laboral y de poder, distinto al papel de subordinación que aplicaba el sistema anterior. En los '90 's del siglo XX Cuba abre las puertas al feminismo ¿los hombres no se enteran?, parece decir el mensaje prosocialista de este corto.

El siguiente cortometraje, *Adriana*, es ejemplo del sistema de símbolos que el capitalismo anterior otorgó a la mujer y que aún subsiste como resquicio del pasado en la Cuba socialista: al género femenino se le asocia con la ilusión, con aquel comportamiento femenil de vivir encarcelada en el sueño de la nostalgia, de una época que se fue sin regresar. Adriana se encuentra atada a las imágenes de su juventud, con un ideal de belleza que escapa de sus manos ancianas. Sola, no le queda más que fantasear con el joven de la compañía de teléfonos, especie de príncipe azul que se diluye. Vivió en una generación en donde a la mujer se le formaba para ser sólo una especie de apéndice del hombre; sin él era casi nada. Así, un *tale* de este corto, es decir, una manera de narrarlo (Zavarzadeh), parece advertir que el constructo del género femenino que proviene del pasado ha sido tan eficaz que aún con varias décadas de socialismo existe ese "espíritu femenino", es decir, ese constructo de mujer que sueña, se recrea en idealismos nostálgicos, encarcelado en el paso de los años.

Así como en *Isabel,* en *Julia* se encontrarán rastros de esa característica que se asocia al género femenino, lastre del pasado capitalista patriarcal: la mujer se estremece, teme, con la posibilidad de no tener un hombre al lado. El *tale* aquí es obvio en su denuncia y crítica a tal constructo obsoleto ya para la mujer cubana de hoy: "El matrimonio es como un tatuaje, lo que fuiste y lo que no fuiste es como ese hombre que no puedes sacarte de encima", entonces Julia se enfrenta a la separación, al desligamiento de sus ideales que fracasan y se revela que el matrimonio era solamente un sueño perfecto. En este corto ella gozará de los mismos derechos y beneficios que el hombre. Su esposo tuvo una aventura con una insulsa estudiante de filosofía, ella establecerá una relación casual con uno de sus estudiantes.

La separación representa para Julia un periodo de auto-análisis y redescubrimiento como individuo, deberá reconocerse a sí misma fuera de la pareja. Es decir, se está meditando sobre los factores que la construyen como parte del género femenino en una nueva sociedad que critica el antiguo sistema capitalista y la simbología que le otorga a la mujer. Si el matrimonio se definía como la suma de las partes, ahora se define como el todo en el todo: "Muchas mujeres creen vergonzoso no tener un hombre, yo no", confiesa en su monólogo interior criticando así la imposición que la cultura dominante anterior le aplicaba.

En el corto del romance entre el "Acorazado" y *Zoe* queda marcada una nueva expresión en la construcción del género sexual para la mujer cubana. *Zoe,* joven artista que hace lo que quiere cuando quiere, no se asocia con las instituciones si no le sirven, ni con los hombres si no la complacen. Es decir, rompe el papel de sumisión que los aparatos ideológicos (Althusser) y el dominio masculino utilizaban para construir el rol de la mujer en la antigua sociedad capitalista, y rompe también con los restos que aún subsisten en la Cuba socialista. Porque ella vive escondida en un oscuro garaje creando sus obras de pintura y escultura abstracta. Dividida entre sus dos personalidades, con una pequeña veta de esquizofrenia que sugieren las habilidades del director Mario Crespo, *Zoe* sufre las necesidades de afectividad y protección humanas y el aislamiento de los monstruosos artistas. Toma de sus contactos con el mundo exterior lo que le sirve, para volver a su universo de creación casi obsesivamente, teniendo así la libertad de construir su propia sexualidad pero dentro de lo cánones de la sociedad socialista.

El último corto presenta hasta cierto punto la dualidad en los géneros femeninos de las cubanas de los años '90's, las de la isla y las del exterior, a través de una mirada retrospectiva de dos décadas en la figura de *Laura,* mujer que espera en un hotel turístico el reencuentro con el pasado encarnado por su amiga Ana. Ana, como tantas cubanas, representa a la que se va con el Tío Sam a enfrentarse al constructo social de "triunfar", según lo exige la necesidad del emigrado y la competitividad de la mujer que ingresa al mercado laboral capitalista. En cambio, Laura, en Cuba, reproduce en un principio el rol de sumisión tradicional porque se embaraza y se casa; luego se divorcia y, liberada de la carga del marido, en su mente surge el recuerdo de su amiga, feliz y atrevida, en una imagen idealizada. El *tale* de este corto no es simplemente la narración de un encuentro entre amigas, sino un choque de la conformación de géneros sexuales en sociedades distintas. Si Laura afirma que "aquí toda elección colectiva le plantea a cada uno un problema moral", es porque el dictado cubano, impuesto no sólo a la mujer sino a la sociedad en general, le inculca el rechazo a Ana, la gusana, la traidora. En el constructo aplicado a Laura, se le ha inculcado que Cuba no espera con los brazos abiertos al que se fue. Sin embargo, pese a la duda y el temor de lo que le espera, Laura se libera de tal dictado, elige quedarse y recibir a Ana abriendo una puerta para la reconciliación de Cuba con sus desterradas y desterrados sociales—coqueteando el sistema castrista con las divisas en dólares, dicho sea de paso.

Mujer transparente es una obra significativa para el cine cubano porque la mujer es su epicentro. Por ello, este filme es un recuento de las opciones ideológicas, políticas y económicas que el socialismo cubano permite y ofrece a la mujer para la construcción de su género sexual y su simbología. Estas nuevas o diferentes opciones, son un peldaño más en el proceso de construir la naturaleza del sexo femenino en su confrontación con el patriarcado vigente tanto en el capitalismo como en el socialismo.

OBRAS CITADAS

Lauretis de, Teresa. *Technologies of Gender.* Bloomington and Indianapolis. U Indiana P, 1987.

FRESA Y CHOCOLATE

En *Fresa y chocolate* (1993) del director Tomás Gutiérrez Alea se presentan multiples posibilidades que favorecen el abordamiento del cinema crítico ya que además de apreciar la estética proyectada por la belleza física de los protagonistas Diego y David, presenta la temática del homofóbico, la antitésis ideológica cuyo escenario en La Habana como cultura comunista conlleva a la reflexión política. A nuestro parecer el papel protagónico está en manos de Diego, un homoerótico culto, de finos y educados modales, ávido lector de literatura extranjera la cual está prohibida en Cuba. Diego, es también, coleccionista de pintura, amante de la escultura y creyente religioso pero de mente y cultura universalista. Diego es la antitésis del modelo comunista por su orientación sexual pero el escenario de su vida transcurre en La Habana como alma matter del castrismo.

La cultura homoerótica necesariamente pasa por los espacios urbanos. Aunque es lógico que haya homoerotismo en todo espacio vivencial, la identidad de algo como una "cultura gay" y el desarrollo de una teorización y la formulación de una ideología de la cultura gay, están íntimamente vinculados al entorno metropolitano. (Foster 59)

También el Dr. David William Foster opina que la cultura gay representada por Diego existe porque la ciudad "proporciona el refugio o el resguardo".

El fondo escénico es La Habana cuya gloria revolucionaria desmitificamos por la presencia de una arquitectura en condiciones paupérrimas que asemeja una visión casi surrealista por la presencia de edificios derrumbados, viejos, sin pintar. La Habana parece a momentos como una ciudad perdida en el tiempo en lo que concierne a la arquitectura donde la posmodernidad sólo aparece con la presencia de Diego, personaje vestido a la moda, conocedor del pasado y presente de la cultura mundial. Diego surge de la represión sexual ejercida por una nación socialista de aparente estricta filosofía moral. Pero es importante reconocer que *Fresa y chocolate* no presenta nada inmoral sino un contenido homosexual culto, moral, alegre y sano que muchas culturas continentales envidiarían por la riqueza cultural que emana Diego.

Resumo el contenido de la historia como un encuentro casual entre Diego y David en una heladería habanera. Diego siente la posibilidad de un inicio romántico pero David es un homofóbico, adoctrinado socialista pero acepta la invitación de Diego para visitar su casa bajo la promesa de obtener sus fotografías tomadas durante la presentación de un drama. David, al entrar en el pequeño apartamento pero de vasto universo cultural de Diego descubre poco a poco su posición ideológica ante el comunismo y la sociedad patriarcal. Surge de inmediato la posición antagónica entre ambos, la lucha ideológica se centra en la defensa de sus propios mundos. Para David ser homoerótico es estar enfermo y para Diego la exclusión sexual y el confinamiento artístico es lo enfermizo. Los personajes terminan por respetar sus posiciones sexuales y al final triunfa la lógica y la razón sobre el tradicionalismo machista de La Habana y se termina aceptando a Diego como amigo de David y compatriota. Sellan su amistad, afecto y comprensión mutua a través de una tierna escena donde los protagonistas se abrazan frenéticamente simbolizando desde nuestra semiótica la unión de las dos Cubas.

En *Fresa y chocolate* abogamos por la inmersión crítica que va más allá de los elementos retóricos y estructurales para mejor comprender la función ideológica de los contenidos. Este filme contiene diversos elementos semióticos que merecen ser observados como todos los objetos que se encuentran en la casa de Diego, la frustrada exhibición, el deseo de emigrar al extranjero por razones políticas y el pensamiento del alineamiento socialista conlleva al espectador a aceptar o rechazar su relación con el mundo circundante que habitan; en este caso el castrismo cubano.

Nuestra reacción política como espectadores norteamericanos dicta que el sistema judiciario en Cuba minimiza el potencial de artistas libres como Diego por sólo intentar una exhibición de escultura religiosa. La actitud del sistema conlleva a condenarlo como injusto. Mas'ud Zavazardeh propone que los filmes no sólo han de observarse como hechos estéticos aislados, formales, sino también como portadores de cultura e información política susceptibles de formar subjetividades sociales en el espectador. Es decir a Zavazardeh le interesa más el por qué político que el cómo retórico. (Zavazardeh 6).

Así todos los males que afectan al arte, los artístas no alineados totalmente y los homoeróticos cubanos afectados por el sistema y que desean vivir libres de antagonismos sociales son elementos políticos adversos a los principios de libertad de expresión y comportamiento sociosexual que gozan otras culturas. *Fresa y chocolate* es una especie de propaganda justa que trata de trasmitir el triunfo de la lógica como camino razonable. El filme ayuda a despertar la conciencia ante un mundo injusto del poder hegemónico en turno en La Habana.

Configurar al mundo no como es sino como puede y debe ser, es uno de los marcos éticos de lo queer, un compromiso que tendrá sus dimensiones utopicas en un proceso constante de reivindicación de los derechos civiles de todos. (Foster 63)

Corroboramos y apoyamos la opinión de Foster y se cree firmemente que la madurez triunfará sobre todo irracionalismo político e intransigente en contra del homoerótismo en La Habana. *Fresa y chocolate* es como lo diría Karl Marx "El regreso de los oprimidos" en efecto con este filme de hecho presenciamos un regreso triunfal; especialmente, porque se miró en Cuba pero aún más importante es que se mira alrededor del mundo y así el sistema político cubano recibe la presión política internacional para el cambio. En estos años de crísis económica no le es favorable al régimen castrista porque Cuba necesita proyectar una imagen ideológicamente saludable ante el turismo mundial para que éste continúe aportando dólares a la afectada economía cubana.

OBRAS CITADAS

Foster, David William. *Producción cultural e identidades homoeróticas*. Costa Rica: Universidad de Costa Rica, 2000.
Zavarzadeh, Mas'ud. *Seeing Films Politically*. United States: U of New York State P, 1991.

II
PELÍCULAS
ESPAÑOLAS

TRISTANA

La historia particular, el drama privado de un individuo, creo que no puede interesar a nadie digno de vivir su época; si el espectador se hace partícipe de las alegrías, tristezas o angustias de algún personaje de la pantalla, deberá ser porque ve reflejadas en aquel las alegrías, tristezas o angustias de toda la sociedad, y, por tanto, las suyas propias.
Luis Buñuel. (Fuentes 153)

En términos generales, por cinema crítico—critical cinema—se entiende aquel que intenta producir reflexión política y ofrece un espacio para analizar lo cotidiano y la realidad en general. Aborda la problemática social como un fenómeno que no ha de tomarse como natural sino que propone o demanda del espectador una explicación al estado de cosas (Zavarsadeh 12-13). En este sentido, abordar un análisis político en un filme implica no limitarse a explicar sus elementos retóricos y estructurales sino además interesa comprender la función ideológica de los contenidos. Se intenta así desentrañar si las películas son portadoras de determinados elementos semióticos que van a impactar a los espectadores para que confirmen, o cuestionen, su relación real con el mundo circundante y el sistema social dominante donde habitan.

Uno de los teóricos que abordan la función del cinema crítico es Mas'ud Zavarzadeh quien propone algunos lineamientos para el análisis político ideológico de la cinematografía. En términos muy generales, a mi entender, sus postulados teóricos proponen no sólo observar la composición retórica estructural de un filme sino que, en forma determinante, considerar las reacciones de los espectadores reales. Y esta tarea implica a su vez incluir el contexto social porque éste produce una visión ideológica que permea a la audiencia (1-3). En este sentido, se intenta aquí determinar si la película *Tristana*, producida y dirigida por el cineasta español Luis Buñuel en 1969, puede considerarse dentro de la categoría de cinema crítico siguiendo las propuestas analíticas de Zavarzadeh.

Uno de sus puntos centrales, útil para mi análisis, es que este teórico considera que existe un modelo estético-ideológico dominante, subyugado al orden social, que influye en el espectador la forma tanto de observar como de interpretar películas. Es decir, el medio social impone determinada manera de valorar el contenido estético del filme a fin de impedir que se interrogue ideológicamente el contenido de las producciones. A esta consideración propone que los filmes no sólo han de observarse como hechos estéticos aislados, formales, sino además como transmisores de cultura susceptibles de formar subjetividades sociales en el espectador. Es decir, le interesa más el por qué político que el cómo retórico (6). Uno de los planteamientos básicos que dan cuerpo a su teoría es que, si al espectador se le impone por influencia del medio social dominante determinada estética, se pregunta de qué manera la película reproduce o no una realidad que apoya el mundo socio-económico que existe.

A esta reproducción de la realidad le llama *tale* o "cuento", entendido como una forma de narrar la película que se presenta como paradigma de la sociedad (8). El *tale* contiene los elementos para impactar ideológicamente al espectador el cual, a partir de él, liga los significantes de una cultura; por ello, segun el crítico, la observación de películas es un hecho político, no sólo una experiencia de placer. Ver cine es una lección de conocimiento, que puede enseñar al público a ser o no ser un buen sujeto y que asuma su posición en la sociedad. El cine es entonces una especie de propaganda que trata de alinear al espectador al sistema social dominante o a que lo critique. Si el "cuento" es una teoría de realidad engendrado por el modo dominante de producción, el espectador lo entiende cuando está de acuerdo con los modos dominantes de las subjetividades que provee la ideología. Porque, dice Zavarzadeh., lo que se representa como "visible" lo es a medida que la ideología dominante propone un sólo significado. Pero también lo visible se puede captar de varias maneras que dependen de la situación histórica y las contradicciones de la "lucha social".

Ante ello propone la "re-narración", es decir, la manera de desplazar el "cuento" obvio para poder localizar los otros "cuentos" que se ocultan; "re-narrar" es cambiar la lógica de una película para mostrar el o los otros "cuentos". El crítico así puede entender la política y la ideología de la película y observar las contradicciones entre el cuento hegémonico y los otros (91-93). Con la "re-narración" entonces, un filme que es entendido perfectamente por los miembros de una clase social, podrá quedar opaco o sin entender para los miembros de otra clase social. Zavarzadeh, propone además un tipo de espectador, el de "oposición", es decir, aquel que sigue teorías de interpretación políticas y que por el conocimiento histórico, de las estructuras económicas, sociales e ideológicas que posee le permite sobrepasar los placeres de lo simplemente visible y ver lo político en los productos culturales como los de la cinematografía. La reacción del espectador, entonces, puede depender del grado de formación y politización que haya alcanzado de tal manera que, por ejemplo, un individuo "burgués" reaccionaría de manera distinta al que profesa la "utopía socialista", y así en otros casos como el de una mirada "feminista" en comparación a una "patriarcal", o la reacción de un "proletario" a la de una "ama de casa" y así sucesivamente.

La película *Tristana* es posible considerarla como una producción del cinema crítico ya que contiene los elementos que, de acuerdo a la formación y capacidad "re-narradora" del espectador, son susceptibles de producir la reflexión sobre el mundo social real. Película admirada por el atractivo erótico de la heroína con su pierna mutilada (De la Colina 182), porque su discurso maneja la dialéctica opresión-liberación de la sexualidad unido a su mensaje "político social bajo la misma dialéctica" (Fuentes 153), se le reconoce también como muestra de la mirada feminista de Buñuel a una Tristana que, nunca una hermana de la caridad, es una mujer sin alma que desarrolla su conciencia y carácter y que por ello puede simbolizar a la misma España (Durgnat 152).

Pero *Tristana* es también uno de esos filmes que bajo un análisis político riguroso no reproduce al sistema social que refleja y donde se produjo. Tiene su carácter de cinema crítico que lo adquiere por el tratamiento, desarrollo y desenlace que hace de los personajes principales donde se concentra la acción tramática: Tristana y don Lope; ambos, si el espectador, como el autor de este ensayo, es capaz de otorgarles connotaciones simbólicas en la "re-narración" de los respectivos "cuentos", representarían modos y visiones ideológicas encontradas, cuya explicación permite cuestionarse el mundo real, tanto el que refleja y donde se produce la película como, haciendo una extrapolación, donde uno se ubica en la actualidad.

Desembarazándose, como lo propone Zavarzadeh, de la mera lectura estética formalista que el medio impone, y otorgando un simbolismo ideológico a los personajes, se observa que la película propone dos "cuentos" que demandan sus respectivas "re-narraciones": una construida en torno a Tristana que simbolizaría la crítica al sistema patriarcal dominante, y la otra en torno a don Lope que, a pesar de una rebeldía inicial, finalmente lo confirma. El espectador, sobre todo uno politizado y en especial el femenista, puede observar que existen elementos y escenas para cuestionar el estado patriarcal recreado en la película, y, mediante la simbología otorgada a los personajes, al sistema franquista donde se produce e incluso a todo el contexto global capitalista. Espectadores como los señalados, entre los cuales me incluyo, podemos visualizar que la crítica al patriarcado se inicia desde el momento en que Tristana comienza a mostrar rasgos de rebeldía contra la autoridad de don Lope. La joven queda huérfana en manos de un don Lope don juanesco y conquistador sin escrúpulos, aunque de rasgos filantrópicos y humanistas; debido al desamparo y a la personalidad sumisa, pasiva y noble de Tristana, el viejo toma ventaja y sostiene una doble relación: la de padre protector durante el día y la de amante durante la noche, todo en su propia casa. Semeja así la situación perfecta de un patriarca o cacique: Tristana le sirve como criada de lujo y concubina exclusiva, sin los trámites institucionales del matrimonio—atentando asi al sistema social tradicional—y casi sin costo alguno, magnificando la explotación que le aplica: el viejo sólo proporciona a Tristana una protección económica que no representa grandes inversiones extras y cierta guía moral que, más que educarla para enfrentar a la sociedad, tiende a acorralarla y tenerla a placer en casa, en una especie de encierro conventual, bajo el pretexto del "que dirán" y de la "decencia" que puede ser amenazada desde el exterior, según el viejo. El dominio es tal que si acaso surjen visos de protesta en Tristana, recibe la doble imposición—padre y esposo—descarnada y contundente, del sistema patriarcal que representa don Lope quien le espeta:

Soy tu padre y tu marido y hago de uno y de otro según me conviene.

Visualmente la sumisión y subyugación también es patética. Parece ocurrir lo que sería el "derecho de pernada", el privilegio exclusivo del patriarca-cacique de desvirginar a las jóvenes que están a su servicio, una especie de violación-seducción tácitamente aceptada: dentro de la recámara del viejo, Tristana, tranquila y dócil, se despoja de sus prendas, sugiriendo el acto sexual en una de las escenas más eróticas del filme. La seducción, es como la culminación del cortejo donjuanesco de don Lope para el que utilizó todo su poder protector, su habilidad verbal y psicológica; no es casual tampoco que esa noche Saturna, la sirvienta, fuera a visitar a unos parientes, "mientras más te tardes mejor", le dice a su retiro como sugiriendo que los deje solos, como dando entender que todo lo tenía preparado.

A partir de entonces Tristana realiza difíciles y penosos intentos de liberación ayudada por la madurez que adquiere y por sus titubeantes y secretos contactos con el mundo exterior. En esta reacciones, es vital la intervención de Saturna quien, a pesar de erigirse en la superficie como un modelo de mujer para el sistema patriarcal dada su fidelidad irrestricta al patrón, una "re-narración" la colocaría aliada de Tristana. Porque la sirvienta surge como guía y confidente, no obstante el tradicionalismo y lealtad que aparenta, secundando angustiada los primeros desplantes de rebeldía de Tristana en su intento por romper el cerco material y psicológico construido por don Lope: La joven confiesa a Saturna:

Ojalá me quisiera menos(...)y si se entera que se entere, ya no lo soporto Saturna, cada día más viejo y más ridículo. Si pudiera largarme y no volverle a ver nunca más en carne y hueso...

Después de algunos titubeos, un poco más experimentada, Tristana muestra una seguridad e iniciativa que la lleva a cometer uno de los desacatos más trascendentes que determinan su liberación contra don Lope: realiza, contra viento y marea, su amor con el pintor Horacio. En la gestación de esta relación liberadora, Saturna confirma su solidaridad, a pesar de su servilismo, al ocultarle información a don Lope y no sólo aprobar sino incluso acompañar en secreto a la joven en sus encuentros con Horacio—"yo no sé nada señor, mejor pregúntele a ella", responde la servienta a las dudas angustiosas de don Lope. Saturna, que a pesar de que se las arregla hábilmente para conservar la confianza de don Lope, favorece así a Tristana exhibiendo también que existen los resquicios liberadores para oponerse al patriarca, aunque en apariencia le sea fiel; y la imagen de las pantunflas es significativa y reveladora: la dos mujeres, faltándole el respeto a don Lope, las dejan abandonadas en el cesto de la basura, sin preocuparse ya sobre la futura reacción del viejo.

El amor por Horacio acelera el ansia liberadora de Tristana: a medida que es correspondida, se quiere independizar de su opresor no sin ciertos deseos de venganza; ya no va a obedecer a don Lope en absoluto, le disminuye atenciones personales y el temor y respeto inicial se transforma en burla y en ironía—"el gallo pierde sus plumas y ya no canta", comenta la joven como indicando la debilidad del poder e influencia del anciano. El amor entonces le da fuerzas liberadoras y ni siquiera la intimidan las amenazas de muerte de don Lope a quien le responde, significativamente, tuteándole: "no me asustas, puedes matarme cuando quieras". Y se larga al encuentro con Horacio, "voy aunque me mate, al menos asi tendrá razón" confieza segura a Saturna.

Uno de los desplantes de liberación más impactantes, señal también de un creciente deseo de venganza y de humillación en contra don Lope, es cuando Tristana lo abandona para hacer vida con Horacio quien, previamente, asesta un puñetazo que derriba la figura y autoridad de un don Lope desesperado, impotente y dominado, en una especie de simbolización del cese de la influencia y poder patriarcal. Tristana, con mayor libertad, se retira feliz a gozar de su amor, no sólo excenta de las ataduras domiciliarias de su ex-patriarca, sino también, magnificando su liberación a niveles de protesta social, sin haber cumplido los sagrados requisitos de la sociedad convencional porque convive con Horacio sin realizar nunca, y no lo desea, el rito oficial de la institución matrimonial.

De esta manera la independencia de Tristana del sistema masculino es más completa: no se libera de don Lope para subyugarse luego con Horacio. Ha aprendido la lección, astuta, quiere realizar su amor pero también conservar la libertad difícilmente adquirida y para ello utiliza, paradógicamente, la influencia de algunas de las ideas liberales y anticonvencionales que recibió de don Lope: a pesar de la insistencia del pintor, siempre le niega el enlace matrimonial, que tanto critica y ejemplifica la irredenta soltería del viejo, evitando así una posible nueva atadura. Tristana mejor decide, en otra especie de protesta que escandalizaría al rígido sistema social de la película, sostener una relación de amasiato que persista hasta que el amor, no la muerte, se termine y los separe. Al mismo tiempo, asegura así su libertad para lograr sus sueños de artista y tratar de vivir con autosuficiencia económica, intento que reta a su medio social que ofrece a la mujer la opción de esposa, prostituta o vida conventual.

La inesperada amputación de la pierna es motivo para confirmar su independencia y crear las condiciones que definitivamente la vengarán de don Lope: se pone a prueba el amor de Horacio quien, finalmente, la abandona después de disminuir la frecuencia de las visitas como comprendiendo la inconveniencia física de su amante ahora incompleta. Asimismo, la amputación permite que radique en definitiva con don Lope, ya no con la personalidad sumisa del pasado, sino con una transformada: Tristana agresiva, dominante, altiva, cuestionadora, segura de sí misma, producto de la madurez y del contacto social así como de las frustraciones, en la que influye decisivamente la pierna amputada; es, pues, portadora de las suficientes condiciones psicológicas para reivindicarse de la opresión patriarcal, lista para dar la estocada final a don Lope. La relación es diametralmente distinta, mientras que el anacrónico anciano todavía sospecha y ansía que regresará su dominio y poderío anterior, afirma triunfalista, revanchista: "Ya no se me escapa, si entra en mi casa ya no volverá a salir de ella". Las razones del regreso de Tristana, que podrían considerarse como la persistencia de la atadura a don Lope, ya que según al decir de Horacio vuelve por cuestiones de salud y de seguridad, desde mi "re-narración" confirma su grado de independencia porque es una decisión voluntaria—nunca sujeta por Horacio—libre, sin presiones de nadie, ejerciendo así su derecho de opción como ser humano autónomo, su libre albeldrío e iniciativa; Horacio informa a don Lope:

"Ella se empeñó en venir, piensa que se va a morir. Sigue considerándolo a Usted como a un padre, quiere morirse en su casa".

No obstante esta consideración, el regreso en la práctica no va a establecer una relación padre-hija convencional, más bien acelera y crea nuevas condiciones para consolidar su independencia y seguridad personal; pero sobre todo el regreso será el inicio de la consumación de la venganza contra don Lope. A pesar de cobijarse en sus dominios, Tristana parece aprovechar ahora los sentimientos del viejo, en principio para asegurar su salud y protección en su calidad de lisiada, pero después continúa con su rebelión y venganza. Porque nunca pierde su influencia y poder sobre un anciano cada vez más decrépito, subyugado y ahora inclinado al conservadurismo que criticaba. La supremacía y dominio le permite cometer, sin remordimientos visibles, el acto más trascendental con el que culmina en definitiva su desagravio: acelera la muerte de don Lope al pretender llamar a un médico y abre las ventanas de la recámara donde yace para que el frío nocturno acabe por rematarlo. Consummatum est, ha muerto el viejo, ha muerto el patriarca dominador, la afrenta y subyugación está saldada confirmando además su ansia liberadora.

Este desenlace en favor de Tristana, ideológicamente indica, continuando con la "re-narración", la profunda protesta contra la opresión masculina que un espectador politizado simbolizaría en don Lope. Tristana así atenta todo el andamiaje social construido por el dominio del hombre, porque la eliminación del anciano es la crítica a lo que su personalidad representa, individual y socialmente: el doble poder masculino de padre y esposo, el control ideológico de los jerarcas políticos y eclesiásticos del sistema franquista, o del capitalismo con su marginación al sexo femenino, etcétera. Y el mensaje político social es contundente: la mujer no debe continuar siendo subyugada por este estado patriarcal depositado en la figura de don Lope; invita a la reflexión y a la posibilidad de nuevas rebeliones de acuerdo a las condiciones del espectador, propone romper con los controles y que se levante contra las ataduras reales que lo limitan, por más sutiles y difíciles que sean, y el ejemplo para lograrlo es Tristana. Es incluso rebelde durante sus aparentes asimilaciones cuando cede superficialmente a algunos convencionalismos: va a misa y acepta al final el matrimonio con don Lope pero se burla de él la misma noche de bodas, y nunca duermen juntos; tiene roce social pero responde con agresividad, con cara de repudio, cuando es cuestionada, en plena vía pública, sobre su salud y privasidad, como exigiendo respeto por su vida personal; es mujer casada, que supuestamente debe ser fiel y recatada, pero ejerce el juego de la seducción erótica con el sordomudo Saturno.

Tristana, pues, es la heroína que triunfa y se venga del otoño de un patriarca, se libera de la esclavitud de un temprano matrimonio, de relegarse a la simple servidumbre, de rendirse por siempre al acoso y a la concepción de objeto sexual para ejercer a cambio el derecho humano de satisfacer su amor con quien decida y sienta—Horacio y los coqueteos con Saturno—además de intentar su vocación profesional a fin de realizarse y obtener la independencia económica; es un esfuerzo titánico si se considera el tiempo histórico de la película, período previo al franquismo, finales de los años 20 y principios de los 30, con sus residuos aristócratas y de estricta moral cristiana (Lara 139-41). Con este mensaje reflexivo y transformador, la película confirma su carácter de cinema crítico: es susceptible de producir, pues, espectadores que analizan el estado de opresión tanto donde se desenvuelve Tristana como, simbólicamente y por extensión, con el que asocien a su realidad particular—el franquismo, la decadencia de la burguesía y aristocracia española de principios de siglo, el capitalismo patriarcal de la actualidad.

La rebeldía y venganza de Tristana, axiológica y éticamente sería superior y contrasta con la asimilación al sistema dominante que manifiesta don Llope. El no evoluciona, sino que involuciona de ser romántico, idealista, utópico e insumiso a uno que acaba decrépito, holgazán, parasitario y oportunista y conforme con una estructura social patriarcal que, hombre al fin, aprende finalmente a utilizar—reniega del trabajo, acepta la herencia de una hermana ideológiamente opuesta a sus principios. Lo sorprendente de *Tristana* es que en esta involución parece delinearse un "cuento" que comulga con el sistema burgués capitalista patriarcal, criticado por Tristana, y finalmente defendido por don Lope. Si Tristana es la rebelde que consigue sublevarse y vengarse, el viejo es lo opuesto: acaba presa de las instituciones y esclavizado a sus debilidades sentimentales, ya no de imposición y seguridad donjuanesca, sino sumiso y dependiente del amor de una mujer que lo humilla en forma avasalladora. Termina, entonces, haciendo todo lo que antes criticaba: si refunfuñaba del usurero que le da cualquier cosa por su vajilla de plata en un desplante de desprecio al dinero, acepta feliz la herencia de la hermana viéndole utilidad al capital para asegurar su improductiva vejez e intentar agazajar a Tristana; si no aprueba la presencia del sacerdote durante la sesión quirúrjica de amputación—"curas en mi casa, nunca"—come galletitas y toma chocolate con un grupo de prelados, y en su propia casa, en las últimas escenas; si se opone a la autoridad policíaca ayudando a un delincuente a escapar, al final, bajo orden de Tristana, agradece las palabras y la dice "mis respetos comandante" al guardia civil. La asimilación adquiere visos de descarada y repugnante, perdida ya toda ética moral y de sus principios, al grado incluso de ser manipulado por la iglesia y los convencionalismos sociales que tanto censuraba. El sacerdote, en la propia casa del viejo, aconseja a Tristana, y le refiere de don lope:

> No te das cuenta como ha cambiado, claro, con la vejez se suavizan las cosas, se piensa diferente, ya ves que no te prohibe ir a la iglesia, hasta te acompaña.

La reintegración de don Lope al sistema, para un espectador acrítico cuyo criterio es determinado por la cultura dominante y traidicional española y latinoamericana, deduciría un tipo de "cuento" en favor del patriarcado y su cuadro ideológico proburgués, católico y conservador. Porque la "re-narración" de la asimilación, para este tipo de espectador alineado, captaría un mensaje que podría confirmar su posición de aceptación al sistema el cual, como lo simboliza el "cuento" de don Lope, parece siempre absorver a cualquiera que lo cuestione. Es decir, el *tale* del anciano señala que el sistema social de la película, y por asociación simbólica el real del espectador—franquismo o la sociedad patriarcal actual—, es infalible puesto que el rebelde, aunque sea por vejez, acabará inevitablemente apaciguado, asimilado, readaptado. El mensaje ideológico de una "re-narración" acrítica y dominante, es entonces de conformismo y apatía, a diferencia del de Tristana, no hay posibilidad de rebeldías: la vejez, la soledad, la pobreza las resuelve en determinado momento el sistema siempre y cuando se le sea fiel y no se la atente, asegurando así su perpetuación con una interpretación de este tipo. No hay razón para rebelarse, de cualquier manera, se acabará como don Lope, sin cambiar nada, asimilado y corrompiéndose para aprovecharse del sistema.

Sin embargo, la apología al patriarcado que profesa el "cuento" de don Lope se minimizaría con la de rebeldía y venganza del de Tristana: este pudiera ser el "cuento" y la "re-narración" que finalmente domine dada la dimensión y concentración de la película en sus acciones. El espectador politizado encuentra en Tristana la posibilidad de derrocar el dominio masculino, no obstante la defensa que hace de él la asimilación de don Lope: si éste muere, no es de muerte totalmente natural sino debido a la intervención activa de Tristana, es decir, la voluntad y la fuerza del ser humano, no la reintegración pasiva que impone el sistema, es el impulso que libera y transforma la opresión. Tristana, símbolo de liberación y rebeldia, es la que en definitiva triunfa por sobre don Lope, símbolo de la reintegración al sistema patriarcal opresor. La película, pues, es del tipo de cinema crítico al favorecer la revelión, la protesta, el desagravio, por sobre la apatía, la dejadez o el conformismo de la asimilación social. La mujer rebelde triunfa sobre el patriarca apático, para regocijo del espectador feminista. Incluso, las escenas surrealistas, breves, escasas, pero muy oportunas y significativas, lo confirman y favorecen: la mayor parte surgen en Tristana, en la forma de un don Lope decapitado, aludiendo a los sueños de liberación, proyectando sus deseos emancipadores más intimos. Y no es gratuito que las escenas surrealistas aparezcan más en Tristana, contrastando con la escasez de los personajes masculinos, el filme así intenta atraer al espectador hacia la problemática de subyugación de la joven y sus intensos deseos de independencia. El surrealismo de la película sería, pues, en favor de Tristana, profeminista.

El desenlace anti patriarcal de *Tristana* es consecuente además con la trayectoria crítica de Luis Buñuel y su ideología contra el franquismo, sistema que incluso lo obliga a una especie de exilio por sus inclinaciones republicanas y coqueteos con la izquierda (De la Colina 42-43). Es congruente además con su estilo surrealista que lo maneja como una forma de liberación psicológica (Fuentes 154), y con la mayor parte de sus producciones que no muestran abiertos favoritismos hacia el capitalismo patriarcal dominante; más bien se inclina al análisis social incluso en forma explícita como en el filme de su primera producción, *Las Hurdes*. *Tierra sin pan* (1937), donde plantea la pobreza rural española "una de las más miserables de la superficie del globo"(Aranda 120). Esta congruencia y el mensaje antipatriarcal de *Tristana*, puede dar luz sobre los cambios que el cineasta practica a la novela original de Benito Pérez Galdós. Si conserva la amputación de la pierna es porque fue el atractivo principal de la trama (Lara 137-8), pero elimina los pasajes de las cartas entre Horacio y Tristana por parecerles "lamentables"(Lara 138) y sobre todo descarta el final galdosiano. Este cambio es el más drástico, substancial y contrastante respecto de la novela original.)Por qué lo hace?: una respuesta sería de tipo ideológico como simpatiza Antonio Lara al comentar que Buñuel "difiere, en muchos puntos, de la actitud ideológica galdosiana, y su concepción de ambos relatos es también distinta"(139) en relación a *Nazarín* y *Tristana*. Así, en Galdós don Lope acaba alabando a Dios y Tristana haciéndole pasteles de repostería, ambos unidos en matrimonio:

Don Lope no cabía en sí de contento, y Tristana participaba de su alborozo. Por aquellos días entróle a la cojita una nueva afición: el arte culinario en su rama importante de repostería. Una maestra muy hábil enseñóle dos o tres tipos de pasteles, y los hacía tan bien, tan bien, que don Lope, después de catarlos, se chupaba los dedos, y no cesaba de alabar a Dios.)Eran felices uno y otro?...Tal vez (Pérez Galdós 182).

En este desenlace, no obstante a que despierta dudas sobre la felicidad y armonía de la pareja, Tristana no aparece como la mujer rebelde, altiva, segura y vengativa del filme sino en el polo opuesto: termina no provocándole la muerte a don Lope, sino matrimoniándose y ejerciendo las funciones de la esposa convencional sirviéndole de cocinera, es decir, acaba sometida al dominio masculino y reintegrada al sistema patriarcal. Dado el antifranquismo y la trayectoria crítica y denunciativa de Luis Buñuel, parecería que el cineasta no coincide con el final de Galdós debido a sus connotaciones, como se analizó, que convalidan al sistema patriarcal—de donde se deriva la jerarquía franquista—descartándolo en defintiva. Y lo sostituye, como se ha visto, por un desenlce donde Tristana es heroína feminista, no víctima, que se libera y se venga de las subyugaciones de don Lope y del patriarcado que representa, en una crítica indirecta al poder de Franco. El desenlace de Buñuel, entonces, parece no querer convalidar al patriacado, como lo hace Galdós, para producir así un fino y discreto producto de cinema político, congruente con la mayor parte de su poética cinematográfica de crítica social.

OBRAS CITADAS

Aranda, J. Franciso. *Luis Buñuel. Biografía crítica*. Barcelona: Lumen, 1969.

De la Colina, José y Tomás Pérez Turrent. *Luis Buñuel. Prohibido asomarse al interior*. México: Joaquín Mortiz/Planeta, 1986.

Durgnat, Raymond. *Luis Buñuel*. Berkeley y Los Angeles: U of California P, 1977.

Fuentes, Víctor. "Buñuel y Galdós: por una visión integral de la realidad". *Cuadernos americanos*. 383 (1982): 150-7.

Lara, Antonio, ed. *La imaginación en libertad.* Madrid: Editorial de la Universidad Complutense, 1981.

Pérez Galdós, Benito. *Tristana*. Madrid: Alianza Editorial, 1991.

Zavarzadeh, Mas'ud. *Seeing Films Politically*. United States: U of New York State P, 1991.

RÉQUIEM POR UN CAMPESINO ESPAÑOL

El propósito de este ensayo es realizar un análisis sobre cómo los llamados Aparatos del Estado (AE), los Represivos y los Ideológicos influyen en la trama y en el comportamiento de los personajes principales de la producción cinematográfica *Réquiem por un campesino español* (1985), filme del director Fransesc Betriu, en la cual protagonizan los aclamados actores Antonio Ferrandis, Antonio Banderas y Fernando Fernán Gómez. En este drama se va a defender la tesis de cómo estos aparatos procuran mantener en estado de marginación y explotación al sector campesino, al mismo tiempo que conservan en el poder al grupo dominante, asegurando así la reproducción del sistema en turno y capitalista en general que se proyecta en la novela. Para llevar a cabo este objetivo, se acude en particular a la teoría sobre los Aparatos del Estado propuesta por Luis Althusser y se consultan a otros estudiosos que abordan esta corriente de análisis marxista o las aplican a distintas sociedades— Antonio Gramsci, Martha Harnecker, María Rodríguez.

Este estudio es de importancia relevante porque demuestra cómo los comportamientos de los personajes, y de los seres humanos en la vida real, están regidos, en mayor o menor grado, por entidades ideológicas e institucionales que los amoldan y les hacen cumplir, aun cuando se consideren seres libres e independientes, determinado papel de sumisión o de poder para reproducir al sistema social dominante donde habitan. Se muestra que el llamado "libre albeldrío" es relativo ya que la sociedad y el sector dominante, a través de instituciones como la Iglesia, la escuela, la moral, la policía, el ejército o el sistema jurídico, obligan a los individuos a desempeñar un comportamiento que en última instancia favorece al sistema. Por ejemplo, un sacerdote podrá tener toda la buena voluntad cristiana de ayudar al prójimo, pero cuando esta actitud afecte los intereses de la élite en el poder, tendrá que limitarla o suspenderla aun contra su voluntad.

Este magnífico drama cinematográfico de 93 minutos, historia basada en la novela corta del escritor español Ramón José Sender proyecta un espacio empobrecido y brutalizado del campo español debido a una imposición política ultraderechista, intolerante y represiva.

Althusser hace una distinción entre el Aparato Represivo del Estado (ARE) y el Aparato Ideológico del Estado (AIE). El Aparato Represivo "funciona mediante la violencia" (Althusser 27) y en situaciones límite mientras que el Aparato Ideológico lo hace a través de la "ideología" entendida como un proceso de simbolización que comprende, en resumen, "el modo de vida en general, cuya operancia es indispensable para que se unifique una sociedad bajo un poder económico y político" (Antonio Gramsci en Poulantzas 266); la ideología también se extiende desde los procesos económicos, las actividades y sentimientos cotidianos, las reacciones entre los seres humanos y su entorno, hasta consistir en el elemento que da sentido a la existencia de los seres humanos; "la ideología impregna todas las actividades del hombre" (Harnecker 96).

El concepto de AIE designa a todas esas instituciones que aparecen como "entidades especializadas y aparentemente escindidas del aparato estatal: constituyen los canales a través de los cuales la ideología dominante es impuesta al grupo social subalterno" (Rodríguez 90-91). Los AIE funcionan como estructuras de control y de legitimación para el Estado que en el caso de esta producción de Fransec Betriu se trata del establecido por el gobierno victorioso de un golpe de estado anterior a 1936. Los AIE presentan los intereses particulares de las clases gobernantes como los intereses de la sociedad entera manteniendo así su dominio económico y político (Rodríguez 91).

Los AIE funcionan con la ideología como forma predominante, pero utilizan en una represión disimulada, es decir, simbólica. La familia, la escuela y la Iglesia "adiestran" a sus miembros con métodos apropiados como sanciones, exclusiones o selecciones. Estos aparatos, junto con la ideología dominante, representada en este film por la burguesía, el clero y la guardia civil, "se encarna en los aparatos e instituciones sociales desempeñando el papel de elaborar, inculcar y recrearse a sí misma, contribuyendo así a la reproducción de las relaciones sociales de producción y la perpetuación del orden social" (Rodríguez 90).

Por su parte, la función del Aparato Represivo consiste esencialmente en asegurar por la fuerza física las condiciones políticas de reproducción de las relaciones de producción que son, en última instancia, relaciones de explotación. El aparato represivo, entonces, junto con todos los AIE, concurren al mismo fin: reproducir las relaciones de explotación.

Analizamos aquí, entonces, cómo los mencionado aparatos ideológicos y represores, manipulan, afectan, influyen y determinan el comportamiento de los actores cinematográficos para que mantengan su condición de explotados, o explotadores, en beneficio del nuevo gobierno y al sistema capitalista en general.

Esta película filmada 10 años después del fallecimiento del dictador Francisco Franco y a 49 años del inicio de la gran ecatombe ibérica, constituye una visión de la preguerra y de la guerra civil española en un medio rural, ambientada en un pueblo de campesinos, participan varios AIE de estado, pero destacan el familiar y el religioso. El aparato represor surge igualmente eliminando físicamente a quienes atentan, una vez agotada la instancia ideológica, el control gubernamental.

Antonio Banderas en el papel de Paco el del Molino y el sacerdote Millán son quienes reciben la influencia de los distintos AIE dado su papel de protagonistas centrales. En principio, el AIE familiar, con el padre como autoridad, determina el destino de Paco en un proceso de formación ideológica que surge desde la infancia. Este aparato familiar constituye la estructura social fundamental donde se llevan a cabo los "procesos de la aculturación y el aprendizaje de los comportamientos sociales, de los valores morales e ideológicos inherentes al sistema social" (Rodríguez 142).

El padre educa a Paco para que cumpla la función de asegurar la permanencia de un sistema de servidumbre que incluye el pago de una renta por el usufructo de tierra cuyo propietario es un duque que habita en la urbe. Le inculca igualmente el respeto a la propiedad privada y no se convierta en un rebelde social. Es decir, se fomenta el estado de marginación en beneficio del sistema de gobierno. El día de su bautizo la voz patriarcal se impone y sentencia lo que debe ser el destino de su hijo:

—Lo que quiero yo es que aprenda a ajustarse los calzones, y que haga un buen mayoral de labranza—dijo el padre.

El AIE familiar penetra tanto en la formación de Paco que incluso se invoca en los instantes de muerte cuando Millán, en un acto desesperado, manipula sus sentimientos para que cese su rebeldía. Sus últimas palabras revelan un sentimiento hacia la familia, clave para la negociación, el cual es utilizado por el sacerdote quien finalmente lo convence y lo entrega al aparato represor para ultimarlo:

—Paco, en el nombre de lo que más quieras, de tu mujer, de tu madre. Entrégate. [...] –¿Dónde están mis padres? ¿Y mi mujer? [...]—No les ha pasado nada. –no, pero, si tú sigues así, ¿quién sabe lo que pueda pasar?

—Entonces, si es verdad que no tenemos salvación, Mosén Millán, tengo mujer. Está esperando un hijo. ¿Qué será de ella? ¿Y de mis padres?

En esta escena es remarcable la rebeldía de Paco contra el sistema, su desacato contra la autoridad, es frenada por el sentimiento que le forjó el aparato familiar el cual opera aquí como un vehículo de domesticación.

El AIE religioso determina la visión del mundo y el comportamiento de los pobladores para reproducir las condiciones socioeconómicas y políticas a favor del sistema de gobierno español. Este aparato es:

un sistema de ideas y de nociones específicas que postulan la existencia de una realidad supranatural que trasciende la realidad objetiva; constituye asimismo un conjunto de ritos que plantea determinadas exigencias que no se refieren sólo a la esfera del culto, sino también a la conducta social. (Rodríguez 131)

El AIE católico representado por Millán cumple la función de mantener el estado de privilegios eclesiásticos; los campesinos deben donar las primicias de sus cosechas, sean creyentes o no; este aparato católico interviene también para reforzar un comportamiento sumiso en favor de la estructura económica, cumpliendo su papel de mantener al campesino como explotado. La familia de Paco, por ejemplo, aunque no es muy creyente, es fiel a su tarea de sostener la economía clerical, ya que en todas las escenas donde participa esta familia sólo se deduce de élla una palpable sumisión, y sin aparentes gestos de oposición ideológica.

Este aparato desvía las protestas campesinas hacia el reino espiritual bajo el pretexto de que la Iglesia no se entromete en cuestiones "temporales" o terrenales, sobre todo cuando tienen que ver con injusticias relacionadas con el poder. Millán se queja ante las autoridades interventoras del pueblo por haber fusilado a los seis primeros campesinos, sin los auxilios espirituales de la Iglesia. Es decir, protesta porque murieron sin la última bendición, no porque los hayan asesinado luchando por una mejor sociedad en el mundo material. Así, el actor, sacerdote Mosén Millán protesta ante don Valeriano, el pequeño político del pueblo campesino, a quien los agentes del nuevo sistema político lo imponen como alcalde: "los fusilaron sin darles tiempo para confesarse".

En esta película, el aparato religioso predica también la resignación y la humildad. El cura procura convencer a Paco de que la miseria de los que viven en las cuevas no es tan grave, si se piensa que existen otras miserias espirituales a las que están expuestos. Millán procura convencerlo para que acepte pasiva y resignadamente su muerte, comparando la situación con la de Cristo.

—A veces, hijo mío, Dios permite que muera un inocente. Lo permitió de su propio Hijo, que era más inocente que vosotros tres.

Pero a pesar de la profunda formación de los AIE, no evitan que Paco y el resto del campesinado opositor tomen conciencia social. La rebeldía de Paco se inicia en parte cuando percibe las contradicciones sociales y la injusticia en los pobres de la cueva que había visitado en su infancia. El cura desde su enorme sillón, en el cual, posa sus reflexiones y arrepentimientos en soliloquios silenciados por su alma oprimida recuerda que él mismo había llevado a su ahijado a las cuevas, lugar que despierta en el niño Paco preguntas sobre la intransigencia e intolerancia política que mucho afectaría su personalidad civil años después: "Y vino conmigo. Yo lo llevé".

Cuando Paco critica el pago de las rentas al duque y profundiza en sus cuestionamientos sobre la pobreza que observa, se convierte en una amenaza para la estabilidad del sistema; se le educó para ser sumiso, no para fomentar cambios sociales. En este sentido, agotadas las instancias pacíficas de los aparatos de control ideológicos, van a intervenir los aparatos represores impulsados por el grupo dominante.

En su intento liberador, Paco es nombrado representante popular y porta una ideología inclinada hacia el lado republicano que se opone a los intereses del duque. Está en contra de la explotación económica que dominan los burgueses. Paco contradice también a los aparatos que defienden al gobierno; se distancia cada vez más de ellos, como el AIE religioso, ya que éste oculta al pueblo el origen de la miseria. Así se trasluce dentro del argumento cinematográfico donde se explica al cura sus tendencias rebeldes, pero el cura siempre asentía ser víctima de las circunstancias: "Pero si nadie quiere matarle Mosén Millán".

En este drama, oponerse a los intereses del duque, suspender el pago de las rentas, significa atentar contra toda la élite gubernamental que mantiene el control social ahora amenazado. Paco no sólo está contra el duque, sino contra todo el sector burgués que se beneficia del sistema de arrendamientos; está contra el AIE católico que justifica y se aprovecha de tal sistema, y reta al aparato represor que protege mediante la fuerza al gobierno capitalista. La oposición de Paco y el campesinado, como consecuencia, provoca la reacción de la élite la cual como un todo lanza sus fuerzas ideológicas y represoras contra los rebeldes a fin de mantener el equilibrio del sistema.

Temen la expansión de las ideas republicanas y de justicia social porque van a afectar sus propiedades y privilegios. Y están dispuestos a todo, incluso el genocidio y aun en contra de los mismos principios cristianos que profesan como el derecho a la vida o el amor al semejante. Falla el control de los aparatos ideológicos, familiar y religioso, y entran entonces los represores a imponer el orden. Buscan a Paco frenéticamente usando perros de caza, los cuales, huelen su ropa y zapatos para así seguir sus pasos.

A pesar de las escenas violentas, el sector burgués, representado por personajes como don Valeriano y Gumersindo, pretende que no sucedan cambios. No permiten la introducción de las propuestas de los concejales electos, como la suspensión de arrendamientos, porque ello disminuye, y tiende a desaparecer del todo, sus ganancias. Estos personajes desean seguir como explotadores y en la escala social más alta por encima de las masas campesinas que los sostienen. Llegan a la deshumanización al alentar el asesinato de sus enemigos políticos y a veces de un gran número de inocentes; los cuales son fusilados, sus cuerpos sangrantes son abandonados a la orilla de la carretera donde los perros lamen la sangre de los campesinos ultrajados. Así, Fransesc Betriu, a través del cine, proyecta estas imágenes de horror, a 49 años de los supuestos acontecimientos.

Para reprimir y disminuir las protestas, no basta la utilización del aparato represor oficial, como la guardia civil, sino que el terror y la violencia se ejerce además a través de grupos paramilitares que cometen crímenes sin identificarse—los "señoritos" figuras bien vestidas y de actitudes citadinas. Don Valeriano, el pequeño político revela la asociación entre burguesía y este aparato represor extraoficial, evidenciando el grado de participación de la clase burguesa para proteger sus intereses; este actor, lamenta sútilmente los atropellos cometidos contra el campesinado, al mismo tiempo, empuja a los señoritos de la ciudad a aniquilar a los opositores.

El aparato represor en la novela "limpia" al poblado de los elementos desestabilizadores para evitar que se incremente la protesta y el posible derrumbe del sistema burguesía-clero-gobierno. A Paco lo intimidan, lo persiguen y, finalmente, le causan la muerte en una acción de fuerza física, como lo plantea Althusser, aplicada en situación límite ya que todo el aparato ideológico fracasó en su intento por controlar la rebeldía. La unión de los aparatos de estado represores e ideológicos gubernamentales, guardia civil, policía, señoritos y centuriones, además del clero y la burguesía, eliminan de raíz la aventura opositora de Paco quien es asesinado junto con otros dos campesinos levantados. Esta escena se sintetiza la acción represora, física e ideológica cuando el centurión le pone a Paco su revolver detrás de la oreja, cuando otro personaje irrumpe diciendo "No. ¡Ahí no!" Se llevan a Paco a rastras, mientras, repite desesperadamente "Pregunten a Mosén Millán él me conoce". Este final de la película y de la vida de Paco no sólo denuncia un desafortunado episodio de la historia española sino es también una abierta critica a la Iglesia y al secreto de confesión, "Él me denunció, Mosén Millán, Mosén Millán".

El mensaje a través de la pantalla es claro, finalmente, al final del film, se cumple el objetivo de mantener a la clase campesina en estado de explotación y se asegura la reproducción a favor del sistema. Continuará sin problemas el tributo a la Iglesia y el pago de la renta al duque; los agentes exterminadores habían asesinado y devuelto las tierras al Duque-su antiguo dueño.

El expectador entiende que el marginado retoma el cause de explotado, cesa su amenaza contra lo establecido mientras que el sector dominante puede, de nuevo, dormir tranquilo sólo enfrentando ciertos remordimientos aliviados por el aparato religioso. La película es una gran análepsis dictada por el cura a través de un pensamiento órganico que siempre va al pasado y por ende al remordimiento, ya que el mismo ayudó colaboró para a la criminalidad política que se plantea. La dirección de Fransesc Betriu con el lenguage deductivo de esta película delata la peligrosodad del secreto de confesión. Tal vez, después de ver esta película, en la mente del expectador se forja el principio del fin de la fé católica, o, por lo menos la desilución y el cuestionamiento a algunos ritos religiosos como lo es "la confesión" ante un sacerdote.

A manera de resumen: esta es una película donde Paco y los campesinos rebeldes descubren el estado de injusticia social que sufre el poblado desde hace siglos; buscan ideologías alternativas al sistema capitalista en turno, separándose de lo tradicional e identificados con la situación de los explotados. Su rebeldía atenta los aparatos ideológicos dominantes como el Dios católico, el tributo de rentas, fidelidad al padre. Paco cuestiona, analiza y descubre las fuerzas ideológicas que lo han venido controlando a él y a su grupo. Esto es, reconoce los AIE heredados que lo han mantenido en un estado de pobreza e ignorancia sobre las causas de la injusticia social. Analizando estos aparatos ideológicos y represores, se observa que esta producción recrea una visión profunda de la historia de amplios sectores rurales españoles que no pertenecen a la sociedad hegemónica o dominante; presenta una realidad ignorada, documenta situaciones relegadas de personajes que padecieron en carne propia la pobreza, el hambre, la guerra y la ignorancia víctimas de AIE como los aquí descritos. El *Réquiem* es, pues, un bien logrado documento cinematográfico que revela el drama humano de una clase social española, campesina y rural, que luchó por liberarse atrapada en un sistema capitalista injusto que permeó en la España contemporánea durante años anteriores y posteriores a la guerra civil.

OBRAS CITADAS

Althusser, Louis. *Ideología y aparatos ideológicos del Estado*. México, D.F.: Ediciones Quinto Sol, 1994.

Betriu, Fransesc *Réquiem por un campesino español*. España 1985.

Harnecker, Martha. *Los conceptos elementales del materialismo histórico*. México, D.F.: Siglo XXI, 1977.

Poulantzas, Nicos. *Poder político y clases sociales en el estado capitalista*. México, D.F. Siglo XXI, 1973.

Rodríguez Shadow, María. *El estado azteca*. Toluca: Universidad Autónoma del Estado de México, 1990.

III
PELÍCULAS
MEXICANAS

FRIDA, NATURALEZA VIVA

Una secuencia y entrelazamiento de tomas conforman la técnica de la película *Frida*, producida en 1987 por el cineasta mexicano Paul Leduc, es elaborada bajo un criterio de selección basado en la biografía de la pintora y activista mexicana, Frida Kahlo (1907-1954), esposa del muralista Diego Rivera, coqueteada por Hollywood y convertida en mito por la intelectualidad chicana y el feminismo norteamericano. Esta aparente conformación caótica, surrealista, de escenas, no es una simple técnica para impactar a la audiencia, sino que lleva el propósito de demostrar la personalidad de un ser humano que no se amolda ni se sujeta a los comportamientos que la sociedad patriarcal, en este caso mexicana, asigna a la mujer.

Si, como plantea Lauretis, el género sexual es un constructo y una representación social perpetrado por los aparatos ideológicos dominates—"The construction of gender goes on as busily today as it did in earlier times" (3), este filme, con su desbordamiento de imágenes, muestra la lucha de la pintora por no dejar construir su cuerpo, ceder en su estética pictórica y en su visión del mundo a los patrones que el México posrevolucionario y de la primera mitada del siglo XX le quiso imponer.

Igualmente, si el cinema crítico intenta producir reflexión política y ofrecer un espacio para analizar lo cotidiano y la realidad en general, y si aborda lo social como un fenómeno que no ha de tomarse como natural (Zavarsadeh 12-13), *Frida* es la antítesis de la mujer abnegada, revela que la mujer puede participar en una intensa actividad artística y política en contra de los controles patriarcales. En este sentido, tanto el filme como la trayectoria histórica de Frida—la imagen de ella en manifiestaciones comunistas, en plena calle, expuesta totalmente al público, es paradigmática—sacan todo a la luz, contrario a la estrategia del sistema patriacal de ocultar a la mujer, tenerla recluida, es decir, en la casa, en la intimidad de subordinada como lo explica Lauretis al plantear que el género femenino es doblemente marginado respecto a la dominancia masculina:

For, like sexuality and subjectivity, gender is located in the private sphere of reproduction, procreation, and the family, rather than in the public, properly social, sphere of the superstructural, where ideology belongs and is determined by the economic forces and relations of production (6)

Frida, el filme y la pintora, entonces, es una mujer, es decir, del género oculto, pero además es una artista, politizada, activista, es decir, una opositora que lucha no ser reprimida o subyugada por esas fuerzas ideológicas con sus poderosos aparatos represores (Althusser). Y, continuando con Zavarsadeh, si elaborar un análisis político en un filme implica no limitarse a explicar sus elementos retóricos y estructurales, sino además interesa comprender la función ideológica de los contenidos, desentrañar si las películas son portadoras de determinados elementos semióticos que impactan al espectador para que confirmen, o cuestionen, su relación real con el sistema social dominante donde habitan, *Frida* propone al espectador, sobre todo al femenino, que hay otras opciones más intensas, profundas, creativas, de abordar la existencia individual y social para no ser sólo un decorado al margen cumpliendo el dicho sexista de que "detrás de un hombre hay una gran mujer". No, Frida, la mujer-artista-activista, está en todas partes, abajo, arriba, a un lado, al otro, adentro y afuera como ser humano que se rebela en todos los frentes.

Porque el personaje, representado en forma muy verosímil por la actriz Ofelia Medina, adquiere "otro" tipo de vida alternativa al constructo sexual tradicional: vive y lucha, sonríe y ama, sale a la protesta en silla de ruedas; toma su tragedia con pasión e imaginación, sin subyugarse a nada ni ser melodramática; enfrenta una salud muy débil, accidente en el tranvía, pierde su capacidad de procrear, tiene abortos, sufre la amputación de una pierna. Esta galería del horror y la tragedia, sacada de la intimidad del hogar, y que podría desanimar a cualquiera, aumenta en Frida su poder creador, en una constante procesión de color que la aleja de la estética dominante porque la suya la manifiesta en cuadros diminutos, como oponiéndose a lo magnánimo del muralismo y de su esposo Rivera: se pinta a sí misma como una forma de exorcismo, transmuta en sus imágenes su dolor y su protesta.

Pero, además, rompe con los esquemas del rol de la mujer-madre, cuestiona la expresión heterosexual, la institución del matrimonio y el sistema de gobierno de México. El filme, en su afán de deconstruir el papel tradicional de la mujer, presenta, como si le faltara, las relaciones amorosas de Frida, su relaciones lésbicas, su amistad y breve amasiato con el ideólogo comunista en el exilio, ya avejentado, Trotsky a quien ella ofrece asilo en casa.

Todo este collage o mosaico de imágenes, lleva el propósito, pues, de presentar los momentos determinantes que influyen en la formación artística, intelectual y vital de la pintora que la hacen oponerse al constructo del género sexual de su tiempo. Son momentos claves seleccionados por el director y los guionistas para crear una obra de protesta feminista. Este carácter contestatario parece ser el criterio de selección, el elemento ordenador que da coherencia a todo el destello vivencial de la película que recrea lo que pudo suceder en la psiquis agónica de Frida. De la gama de experiencias biográficas, las más significativas son las de formación política-ideológica, artística y amorosa, trilogía de significados muy importante para entender el filme porque, además de que se repiten y/o impactan, surgen como propuestas de los guionistas—entre ellos José Joaquín Blanco—como las vivencias más trascendentes que forjaron la carrera artística y la vida de Frida—por ejemplo, la escena de los "piquetitos", inyecciones o sedantes que una enfermera le aplica a la pintora y que luego se reflejan en uno de sus cuadros más celebrados.

Esta trilogía política-ideológica, artística y amorosa, puesta a través de una complicada mezcla de técnicas cinematográficas, en constante demanda de la atención del público, producen efectos estéticos al mismo tiempo que se transmite el mensaje biográfico-contestatario de la pintora, una de las activistas comunistas más polémicas de su tiempo. Por ejemplo, hoces y martillos, símbolos zapatistas, cantos y sonidos de protesta social, una vez seleccionados por los productores como forjadores de la personalidad de Frida, son resaltados luego mediante constantes *close-up's, flasback's,* aumentos y concentraciones de volumen. Estos símbolos, pues, señalan el impacto determinante en la formación de Frida Khalo y, por el tratamiento que se les da en el filme, adquieren también función contestataria de política sexual contra el constructo del género femenino tradicional.

Esas imágenes simbólicas, finalmente, acaban por explicar ese caos aparente, tanto del filme como de la vida real de Frida, esa pintora que aún cautiva no sólo por el dolor y la expresividad surrealista de sus cuadros, sino también por su vida apasionada en el amor y la militancia en favor de los débiles y de las mujeres.

OBRAS CITADAS

Lauretis de, Teresa. *Technologies of Gender.* Bloomington and Indianapolis. U Indiana P, 1987.

Zavarzadeh, Mas'ud. *Seeing Films Politically.* Albany: U of New York State P, 1991.

YO, LA PEOR DE TODAS

Una vez más la directora María Luisa Bemberg llevó al cine una obra exitosa como lo es *Yo, la peor de todas* (1990), fiel al ensayo de Octavio Paz: *Sor Juana Inés de la Cruz o las Trampas de la Fe*. El filme pinta la historia de los últimos ocho años de la vida de la laureada poeta mexicana Sor Juana Inés de la Cruz. Si bien no es una cinta puramente biográfica, es la recreación de una época y de un imperio en decadencia, el de la Nueva España del siglo XVII. Pero, sobre todo, es un filme que recrea los juegos de poder de la Corona y la iglesia católica como mecanismos de control del individuo, es decir, participan los más poderosos aparatos ideológicos que moldean a los nuevos americanos, siguiendo a Luis Althusser.

Porque aunque el personaje de Sor Juana se sustenta por sí mismo y su existencia fue imponente, Bemberg va más allá de la presentación de una mera celebridad literaria e histórica. La directora se hunde en los cimientos retratando la historia de una opresión que viene de siglos: la de la mujer, mexicana y latinoamericana, condenada en aquella época al convento, al hogar o al prostíbulo bajo los controles del hombre en su intento de formarla. Y si, como plantea Teresa de Lauretis, el género sexual es un constructo y una representación social—"The construction of gender goes on as busily today as it did in earlier times" (3), este filme muestra la lucha de un ser humano por no dejar construir su cuerpo y su visión del mundo de acuerdo a los patrones que se le imponen.

Bemberg parece empecinada en transmitir esta lucha, es decir, Sor Juana contra quienes moldean almas y cuerpos con su poder político, económico y de la moral: selecciona a la monja como portadora de un mensaje que no es casual, sino excepcional: "La inteligencia no tiene sexo" como lo confiesa la misma célebre poeta a sus alumnas de canto. Ella representa, entonces, la vida de tantas mujeres a las que la educación, el conocimiento y el puro reconocimiento de la inteligencia les fueron negados en la lucha por construirles un género femenino al servicio del hombre—situación que continúa hasta el presente de manera abierta o sutil.

Sor Juana "es más poeta que monja, y más monja que mujer", la describe su íntima amiga la Virreina. "Como no pude vestirme de hombre, me vestí de monja," confiesa Sor Juana inundada por el deseo de conocimiento y a quien no le queda otra opción que "encarcelarse" en un convento. Ahí tendrá la oportunidad de educarse entre sus libros más queridos, censurados en España y escapados de las manos de los censores-represores. Entre el conocimiento prohibido a las mujeres, escribe sus poesías de onda pasión religiosa en su cuarto propio a la Virginia Wolf rodeada de los barrotes del convento. De igual forma, la Virreina presentará una analogía inesperada sobre la vida de palacio y la vida de convento. El precio que Sor Juana y la Virreina deben pagar por su educación es la privación de la libertad; si el férreo aparato de control patriarcal no puede privarlas del conocimiento, entonces las apartará del resto del mundo a través de la institución del matrimonio o de la Iglesia. Y aquí, de forma sutil, pero captable, se presenta un *tale* lésbico, es decir, siguiendo a Zavarzadeh, una nueva forma de narrar el filme que atenta contra el sistema del hombre: se dibuja una relación de amor entre la monja y la Virreina. En este sentido, este *tale* es acertado dada las posibilidades de trasgresión social que la interpretación lésbica significaría para la época. Sin embargo, a pesar de esta revelación y su trascendencia política, el *tale* que adquiere dominancia, el que parece resaltar la directora argentina, es el de transmitir el derecho de la mujer a expresar su pensamiento, su voz y su palabra en contra de los aparatos que la quieren moldear.

Por eso el arzobispo fanático religioso intentará detener a Sor Juana, ya que una mujer culta es sumamente peligrosa, privándola de sus libros, quemando sus creaciones; pero eso no alcanza para domar el ímpetu rebelde de Sor Juana quien estudiará en el pasto o estudiará en el cielo, porque hay una libertad imposible de privar y es la del pensamiento: "Para el alma no hay encierro ni prisiones que la impida, sólo la prisión, la que se forma ella misma", confiesa en forma retadora.

Los libros de Sor Juana serán publicados por la Virreina una vez regresada a España, pero la muerte y la peste rondan Nueva España. Sor Juana será traicionada y acusada a la inquisición de refutar un tratado teológico, no por el peso de su juicio, sino por la discriminación hacia su sexo. Abnegada ante las muertes de la peste, se volverá la monja—que su confesor religioso siempre quiso,—dedicada a Dios y no a los asuntos mundanos.

Sor Juana se entrega porque se siente inútil en una batalla frente a la irracionalidad y el fanatismo, solamente le queda refugiarse en la fe ciega, agobiada. La protagonista no es guerrera ni revolucionaria, sino una mujer de pensamiento. Sin sus libros sin sus notas su espíritu rebelde se sosiega y calla, dejando paso a lo que otros quisieran ver. Es decir, cede a la presión de los aparatos ideológicos y a los constructores del género para la mujer colonial. Así, confiesa frente a un tribunal del convento todos sus "pecados", en una escena contundente en donde se la ve por primera vez en toda la cinta usando gafas, las que luego destruirá con su mano y con la sangre firmará la confesión: "Yo, la peor de todas".

En una interpretación, este filme es un espejo de la sociedad latinoamericana de hoy en día en la cual la "inquisición" todavía existe pero disfrazada; se sigue segregando y moldeando a la mujer, se le dicta y sugiere cómo comportarse de acuerdo a "su sexo". En el siglo XVII el pacto fue entre los aparatos ideológicos—Iglesia Católica y la Corona—repartiéndose y administrando las colonias; hoy será entre los gobiernos y las multinacionales, entre los políticos y la Coca Cola; ellos mantienen y se sostienen por un complejo de instituciones, propaganda, modas, es decir, una serie de aparatos ideológicos reproductores del sistema dominante, aparatos que son como las rejas negras del convento de Sor Juana: encarcelan a la mujer en las normas "propias de su género".

OBRAS CITADAS

Lauretis de, Teresa. *Technologies of Gender*. Bloomington and Indianapolis. U Indiana P, 1987.

DE NOCHE VIENES, ESMERALDA

De noche vienes, Esmeralda (1997) es una película irreverente que se ríe de las costumbres arraigadas de la sociedad mexicana, del sueño de la mujer de casarse de blanco y de la presión del hombre por continuar reproduciendo el sistema patriarcal. Dirigida por Jaime Humberto Hermosillo y adaptada a guión del cuento *De noche vienes*, de la celebrada escritora Elena Poniatowska, un *tale* del filme presenta una visión femenina sobre la poligamia. Esmeralda, esposa de cinco maridos, crea una especie de harem invertido si aplicamos una deconstrucción, para disgusto del control del macho y en el cual tiene para todos los placeres y orientaciones sexuales. Sin embargo, vive con ironía el ideal tradicional de casarse de blanco y por la Iglesia, almacenando en la casa de su padre, astrólogo, los vestidos de novia y las fotos de sus felices ceremonias. Ella disfruta no de una doble vida sino, dicho con humor, de una quintuple con total normalidad. Hasta que en su sexto casamiento el nuevo marido, Pedro Lugo Alegría, el más impulsivo y posesivo de todos, la descubre y denuncia a las autoridades, representando así a los aparatos ideológicos dominantes y activando al aparato represor.

Comienza entonces otra historia de amor—y muchas más puestas en *flashbacks*—cuando Esmeralda es sometida a una especie de inquisición por parte del aparato represor mexicano por excelencia: el Agente de Ministerio Público que lleva el nombre de Víctor Solorio. Éste, hombre solitario, solterón, simboliza al régimen de la falsa moral, las buenas conciencias y el perfeccionismo compulsivo; sin embargo, la personalidad de Esmeralda es encantadora y cordial, capaz de transformar a quienes la rodean brindándoles un aura de solidaridad, fantasías y liberalidad, es decir, es la transgresora del aparato ideológico de la moral cristiana y del poder patriarcal.

Solorio, en su misión de reintegrar a Esmeralda, aplica el juicio que la sociedad dominante siempre realiza contra quien practica lo distinto. Su táctica de asimilación, entre otras, consiste en tratar de inculcar un sentimiento de culpa; pero ella es inmune al sufrimiento, se resiste con pasión alternativa porque no quiere adaptarse: "¿Usted no sufre?" le pregunta Solorio irritado; y Esmeralda contesta con su sonrisa incambiable, con ironía rebelde: "A veces un poquito cuando me aprietan los zapatos". El abogado, temeroso ya del poder femenino, encuentra demasiado sospechosa tanta felicidad en la vida de Esmeralda por lo que intenta llegar al meollo del asunto, pero en el proceso ya no será él mismo y muy bien puede ser asimilado al mundo de la muchacha.

Porque ella, mientras se encuentra detenida, establece amistad con García, el tímido asistente de Solorio, a quien ayuda a liberarse de sus represiones y, ya al final del filme, le descubrirá su orientación homosexual, erosionando la virilidad del machismo mexicano. También influye brindando romance a la vida de la tipógrafa Lucita, ferviente admiradora de Frida Kalho, quien registra placenteramente los testimonios de la acusada, a veces sentimentales y otras subidos de tono sexualmente, lo cual Solorio disfruta interiormente pero que en el exterior debe sentenciar, cumpliendo su papel ideológico: "Usted es pornográfica...gentes como usted destruyen nuestra sociedad".

La protagonista confieza sus pecados sin remordimientos porque transmite un *tale* de que para cada unión matrimonial debe existir necesariamente una verdadera historia de amor y generosidad. "Ellos son mis hijos, los cuido y los atiendo," reconoce Esmeralda encarnando así el papel de mujer-madre que ha creado su propio territorio matriarcal donde se vive en armonía debido al amor particular que profesa a cada uno de sus amantes. Otras transgresiones que refuerzan su oposición contra el sistema a través de la solidaridad humana, incluyen su casamiento con el Dr. Vallarta Blanca para cubrir su relación homosexual frente a la madre; accede al matrimonio con Don Virginio, un poeta, para cumplir su último deseo de hombre moribundo que, ante tal gesto, se recupera milagrosamente luego de la boda. Y no existen términos medios, un *tale* de esta película parece insistir en combatir el poder del macho, tradicionalmente violento y hermético, a través de los sentimientos más tiernos, de la comprensión hacia el *otro* y la diferencia: Esmeralda convive con personajes marginados por su sexualidad, con quienes profesan ideologías alternativas—tiene un marido hippie—o llevan una vida económicante improductiva, de bohemia y artística como la de los escritores y los músicos que le deben a Esmeralda la fuente de su inspiración. Además, posee título de enfermera y se viste de blanco y etérea, como personificando ser la medicina que cura las fallas y defectos de sus maridos que la necesitan con devoción. Y si se quiere casar de blanco y no accede a tener relaciones sexuales con otro hombre que no sea marido, resabio de su moral católica inculcada por su padre, cuestiona por otra parte los patrones establecidos al continuar con su relación poligámica que a estas alturas ya representa una amenaza: los hombres que forman parte de su matriarcado no se revelan a la idea de compartirla, al contrario, son generosos y comprensivos, es decir, lo opuesto al tradicional papel de posesión e individualismo que promueve el sistema dominante; la relación entre humanos, pues, ya no se presenta como posesiva sino maternal, los maridos necesitan a Esmeralda, es guía, mecenas y surtidora de placer un día a la semana para cada uno.

Por ello, a este tipo de convivencia humana, un *tale* la intenta proponer como una alternativa a la convencional relación monógama. Lucita se convierte en representante accidental de un movimiento de mujeres que defienden a Esmeralda contra su procesamiento, la prensa le da difusión, los guerrilleros favorecen su causa. Y aunque la encarcelan, es sólo para reforzar esta propuesta porque las celdas no son tan desagradables, el máximo representante del aparato ideológico represor, Solorio, se enamora aceptando visitarla los sábados y sus esposos le preparan un picnic de cumpleaños en la cárcel. Esmeralda, al despedirse de su nuevo amante, confiesa: "Ya no necesito vestirme de blanco ni casarme con un hombre para hacer el amor con él," lo cual es una total ruptura contra el sistema para luego atravesar los barrotes como un espíritu. Y si un *tale* feminista lo sospechaba, entonces al final se confirma: Esmeralda es una mujer de otro mundo, una mujer que pudo crear el suyo propio, su harem matriarcal, en el seno de una férrea sociedad machista como la mexicana.

EL CASTILLO DE LA PUREZA

Iniciadora de una de las etapas vanguardistas de la carrera de su director, Arturo Ripstein, *El Castillo de la Pureza* se basa en un hecho real acontecido en los años cincuentas en México, mismo que inspiró la novela de Luis Spota, *La carcajada del gato*, y la pieza teatral de Sergio Magaña, *Los motivos del lobo*. Ripstein decidió filmar y escribir su propia versión de la historia en colaboración con José Emilio Pacheco en 1972.

Ubicando a la cinta en las teorías del control patriarcal, adquiere un discurso de política sexual y de feminismo explícito. Ya las feministas precursoras como Simone de Beavoir (1908-1986) y Virginia Woolf (1882-1941), planteaban que la mujer, desde el punto de vista biológico, experiencial, discursivo y de las condiciones económicas y sociales, *ha sido hecha inferior por el mundo masculino* el cual a su vez intenta justificar su condición de oprimida. El dominio ha sido tal que el hombre viene asegurando y consolidando todo un clima ideológico y material de complicidad que ha hecho creer incluso que la mujer es inferior por naturaleza:

> Man's dominance has secured an ideological climate of compliance: "Legislators, priests, philosophers, writers, and scientists have striven to show that the subordinate position of woman is willed in heaven and advantageous on earth". De Beavoir documents her argument with great erudition. women have been *made* inferiors and the oppression has been compounded by men's belief that women *are* inferiors by nature (en Selden 129-30).

El discurso feminista, en consecuencia, pretende denunciar esta opresión criticando la obra creativa y teórica masculina—porque reproduce el "sistema del macho"—y también se interesa en producir obras que tratan de reflejar la condición femenina. En esta tendencia podemos ubicar a *El Castillo* porque todo ese sistema de complicidad a favor del hombre se reproduce en el núcleo familiar que desarrolla la acción tramática; igualmente, esta película introduce un discurso feminista en el México contemporáneo ya que critica y denuncia en la década del setenta del siglo XX un control masculino que se da en los cacicazgos y espacios urbanos del México de los años cincuenta, si nos atenemos a la época real de la historia. De ahí el título, porque se trata de un feudo, un cacique, un castillo urbano para beneficio del hombre.

Así, el protagonista, Gabriel Lima, es el dictador que controla a los débiles (el resto de la familia) utilizando la fuerza (la voz, el látigo, el castigo), el control de la información (distorsionando o simplemente seleccionando qué información dará sobre el mundo exterior), y las normas familiares (las que presentaba como rígidas e imprescindibles para la supervivencia del grupo). Pero esto origina el rechazo de la mayoría (la familia), el cual se ve infructuosamente contenido por la madre, quien aunque al aproximarse el final comienza a admitir que desconoce a Gabriel y tiene miedo de él, no se alía con sus hijos en las pequeñas pero contundentes expresiones de éstos acerca de que ya no quieren a su padre porque se está volviendo cada vez "más malo". Es interesante que sea precisamente Utopía, la joven agredida en su más sensible integridad y depositaria, junto con su madre, de los sentimientos misóginos del padre, quien se rebele y urda un plan para salir de ese recinto claustrofóbico.

El filme, pues, se desarrolla en un ambiente de crudo dominio patriarcal a través de un feudo familiar en el cual las mujeres emergen como las peores víctimas de la opresión y la marginación con sus intentos de liberarse. El mensaje, por lo tanto, es una clara respuesta contestataria, de protesta y denuncia, es una reacción que la analista Kate Millet consideraría de "política sexual" (Sexual Politics) porque, sea o no la intención de Ripstein, esta producción actúa en contra de la dominación masculina. Millet utiliza el término "patriarcado", es decir, el gobierno del padre, para describir la causa de la opresión de la mujer:

Patriarchy subordinates the female to the male or treats the female as an inferior male. Power is exerted directly or indirectly in civil and domestic life, to constrain women. Despite democratic advances, women, argues Millet, have continued to be coerced by a system of sex-role stereotyping to which they are subjected from the earliest age (en Selden 131-32)

Por ello, el patriarca Gabriel, convencido de que el mundo exterior es dañino para su familia, mantiene encerrados a su esposa y a sus tres hijos durante dieciocho años. La rutina, es decir, su gobierno, es el limitado horizonte al que pueden aspirar las niñas Voluntad y Utopía, Beatriz, la madre, y Porvenir, el joven. La cámara de Ripstein se mantiene sobria y eficaz, logrando transmitir la soledad y el aislamiento de los personajes, así como la sutil nostalgia que experimentan por un universo desconocido. El conocimiento del mundo exterior es, para los habitantes del castillo, una inalcanzable esperanza.

Los días pasan mientras la familia se ocupa en fabricar, a manera de subordinados, un raticida en polvo que Gabriel sale a vender en las tiendas del barrio, de donde obtiene los ingresos para sobrevivir. Los tres hijos trabajan sin descanso combinando los ingredientes y empaquetando el polvo. Como a su familia, Gabriel tiene enjauladas varias ratas con las cuales experimenta la efectividad del raticida, y si bien su familia no es asesinada como esos animales cuando el producto resulta eficiente, sí es víctima constante del grito escalofriante de "¡los voy a matar!".

Gabriel se ha ocupado de proporcionar a sus hijos lo que él considera una "vida sana", la cual sólo puede ser alcanzada, según él, evadiendo el contacto con el mundo exterior. La vida allá afuera significa maldad, vicio y corrupción, y esa convicción es reforzada al interior del seno familiar mediante estrategias tendientes a provocar el convencimiento de que la situación vivida es la óptima, por su absoluta decisión, como un dictador que esclaviza a su gente.

En silencio y sin dejar lugar a contradichos, todas y cada una de las órdenes del patriarca que gobierna la casa son asumidas al pie de la letra. Aquel que se atreve a desafiarlas es objeto de golpes y agresiones verbales, o confinado en su propio reclusorio, pequeña cárcel dentro de la cárcel mayor. Cada uno de los hijos tiene su propia celda de castigo, en la que sólo hay agua y una oscuridad violentada por una pequeña vela, gracias a la cual puede captarse la mirada melancólica del preso durante las horas de espera para ser eximido del castigo.

En cuanto a Beatriz, la esposa—abnegada, sumisa, fiel a su marido a pesar de todo—, el castigo que recibe es verse convertida por la voz dominante e intransigente de Gabriel en culpable de todo aquel acontecimiento que se salga, aunque sea un poco, de los límites del esquema de perfección al que todos deben sujetarse. Las agresiones físicas y emocionales de que es objeto derivan de la obsesiva apreciación de Gabriel acerca de que las mujeres, Evas provocadoras del pecado, son las culpables de la maldad del mundo.

Los miembros de la familia Lima, a excepción de Gabriel, parecen ser felices debido al aislamiento del exterior, como sucede en los feudos medievales. No tienen manera de confrontar su vida con alguna otra. Como seres incontaminados, son buenos, nobles, resignados. No sospechan que su personaje modelo, desde el momento en que pone un pie fuera del castillo, lleva una doble vida: miente, calumnia, tiene relaciones sexuales con otras mujeres.

El castillo de la pureza, en consecuencia, revela y critica ese ambiente patriarcal que subordina y trata como inferior a las mujeres mediante un poder ejercido contra ellas directamente en la vida doméstica del feudo-castillo. Pero no solamente denuncia el sistema masculino, sino también encumbra los valores de la mujer, revela sus tragedias y las de otros seres subyugados que caen bajo la influencia del patricarca, erigiéndose en un filme de política sexual feminista.

OBRAS CITADAS

Selden, Raman. *Contemporary Literary Theory*. Lexington: U of Kentucky P, 1986.

DANZÓN

La producción *Danzón* (1991) de María Novaro crea una exquisita sintaxis cinematográfica y una especial atención a la escena sensual dentro de una temática fílmica que embraza la postura y el ambiente social de la mujer citadina de clase media en la ciudad de México. Este ensayo intenta producir opiniones personales sobre aspectos concernientes a actividades y posturas sociales de la protagonista, Julia Solórzano, cuyo físico más que hermoso es sensual, atributo que la convierte atractiva. La dureza de su medio ambiente laboral que incluye largas jornadas de trabajo que le obliga a dormir en los aposentos de la compañía telefónica como único recurso alterno en su momento para evitar los peligros nocturnos de la capital mexicana. El espacio de la telefónica está diseñado sólo para mujeres y en él opera un ambiente de seguridad donde la mujer tiene acceso a servicios diversos como dormitorios, área de relajamiento donde hace acto de presencia la compraventa de joyas ante la presencia de un altar católico. El comercio interno entre las telefonistas y el espacio modesto donde laboran revela la presencia de una clase trabajadora de clase media o media-baja. La presencia del aparato ideológico laboral se reproduce en una nueva generación de telefonistas representada por la hija de Julia que antes de hacer acto de presencia en una casa de estudios superiores decide convertirse en discípula de su madre aprendiendo de ella las reglas del juego en el ambiente laboral, la alegría por la vida y el gusto por el danzón. Siendo el ejemplo una de las formas efectivas del proceso de enseñanza y aprendizaje a nivel sociofamiliar, sin duda alguna conyevará a la hija de Julia a reproducir la vida de su madre en muchos aspectos entre los cuales cabe mencionar la vida sexual libre, sin ningún tipo de ataduras hacia el sexo opuesto.

Julia y sus amigas acuden al salón de baile porque éste representa un medio popular de relajación social que se adapta a sus circunstancias económicas. Son partícipes activos de la cultura y rituales danzoneros cuyos eventos más importantes son los concursos de baile; esto conyeva a señalar que la casa de Julia luce con diplomas y trofeos ganados en estos concursos. A este medio ambiente nocturno de baile en la gran ciudad acude mucha mujer sola, como Julia, en busca de baile, concurso, amistad, relajación o un nuevo amor. Apruebo la manifestación cultural que proyecta Julia porque favorezco la libertad y la alegría pero desfavorezco la falta de interés por el progreso intelectual y económico que no se le ofrece a la hija. La manifestación de tristeza de Julia ante la desaparición de Carmelo Benítez se aprecia como la pérdida del gran acompañante del sexo opuesto que complementa el ingrediente necesario para la continuidad del ritual danzonero en la pista de baile y no necesariamente como una pérdida del compañero sexual. Es importante señalar que la búsqueda insistente de esta mestiza por un negro veracruzano conyeva a opinar sobre la excelente relación social de estos grupos étnicos mexicanos en cuestión. La referencia al color oscuro del actor por parte de la actriz siempre se señala con afecto de matices maternales. Julia llega a Veracruz en busca de su necesidad perdida más que referirnos a su amor perdido. El espacio porteño presenta un acoso limitado a la mirada insistente y la galantería directa de los parroquianos ante la presencia de Julia. La escena del montacargas siguiendo a la protagonista en los muelles de la ciudad sugiere un acoso que Julia evade con facilidad disipando cada atentado con singular simpatía. Más que los porteños es el marinero ruso quien da muestras de agresión desde mi punto de vista de una manera total y directa al invitar a Julia a la fornicación después de intercambiar dos o tres frases. Esta escena del ruso y Julia en el café al aire libre de Veracruz le da a la ciudad presencia de puerto internacional de alto calado al mismo tiempo que hace notar la actitud del hombre mexicano hacia la mujer un poco más suave o aceptable para el espectador. Lo más importante de la escena con el ruso es su resultado final. Julia lo rechaza reafirmando su libertad sexual femenina, proyecta su liberalismo ejerciendo su libre albedrío, da muestras de autocontrol y autoseguridad; termina por eliminar lo que a su condición de mujer no le conviene y de esta manera proyecta la más saludable imagen de la mujer mexicana a la audiencia internacional de su comportamiento sociosexual posmoderno en la ciudad a la María Novaro.

A groso modo, *Danzón* proyecta un estilo de vida, un matriarcado prevalente en la telefónica y en el Hotel Rex de Veracruz donde el diálogo entre mujeres es abundante, abierto y de gran belleza lingüística desde el punto de vista del español cotidiano. En los espacios arriba mencionados el hombre carece de poca o nada de importancia; este es un mundo de mujeres, gobernado por ellas con un diseño propio. Las mujeres se recrean en estas pequeñas sociedades enclavadas dentro de las urbes mencionadas. Aquí son ellas las arquitectas de sus propios destinos y Julia lo demuestra una vez más al abandonar al opuesto joven porteño, desaparece de él sin aviso, sin importarle. Se entrega a él en un ambiente de diversión y aventura pero sin ataduras amorosas; se entrega con alegría pero sin perder su posición de autoindependencia. *Danzón* es un filme de un gran gusto estético por las excelentes tomas escénicas entre las que se incluye la presentación del cuerpo semidesnudo del joven veracruzano en el cuarto de Julia, los enfoques a los zapatos de baile y a las tomas hechas en el golfo. *Danzón* es hoy uno de los mejores trabajos fílmicos para María Novaro y María Rojo y la película figura entre una de las mejores cien del cine mexicano hasta 1990.

ANTONIO CÁRDENAS CONTRERAS

LOS OLVIDADOS

En este texto se intenta presentar los males del pandillerismo en la capital mexicana hacia 1950 en la película *Los olvidados* de Luis Buñuel. La Ciudad de México adquiere rápidamente una estructura industrial importante en los años posteriores a la segunda guerra mundial. Las nuevas fuentes de trabajo en el sector industrial, comercial y de servicio atrajo inmigrantes de toda la república convirtiendo a la ciudad en un crisol de culturas nacionales. El niño vestido de campesino representa este sector migratorio recién llegado al Distrito Federal. El nuevo desarrollo económico de la ciudad atrae a miles de pobres en busca de nuevas oportunidades laborales; éstos, al enclavarse en el cinturón de pobreza de la ciudad donde los servicios sociales básicos no existen, origina el pandillerismo cuyos miembros carecen de alimento, educación y servicios médicos. El medio ambiente donde radican está rodeado de espacios vacíos, edificios semiconstruidos, viviendas paupérrimas donde se crían animales y se carece de una buena organización urbana y cívico-política. Luis Buñuel proyecta esta realidad social en *Los olvidados* cuyos pandilleros son los niños desamparados. Esta es una película hecha desde el punto de vista de los pobres y marginados cuyo habitat denota una frágil economía, son los olvidados de la sociedad mexicana cuya existencia injusta para ellos mismos aparenta no tener solución inmediata. En *Los olvidados*, los niños sufren como adultos, padecen hambre, viven en un ambiente que facilita el fomento del vicio como fumar cigarrillos; el ocio es aparente y éste funciona como la madre de todos los vicios para los miembros de esta pandilla que dirige el Jaibo, personaje de actitud criminal que escapa de la correccional autodenominándose jefe de este grupo de niños. El Jaibo es el más alto, fuerte y clama experiencia y conocimiento como criminal; organiza a los desamparados y juntos atracan a un músico ciego que a su vez abusa de su propio lazarillo al igual que el ciego en *El Lazarillo de Tormes*. El asalto al ciego en *Los olvidados* es una agresión social nacida de la frustación y desesperación que viven estos niños. El Jaibo mata a Julián su delator que meses antes lo llevó a la correccional. Su crimen lo convierte en un verdadero mal social. Así, estos desamparados adquieren matices verdaderamente violentos. El Jaibo, como hábil criminal, escabulle con eficacia la justicia porque es el único mundo que domina, su medio ambiente es parte de él mismo, es su campo de acción y trabajo donde la policía llega a investigar porque todo lo desconoce en un territorio de pandilleros. En esta sociedad de crueldad contra el niño, de apariencia injusta, nace la luz de la esperanza con la presencia de la escuela granja donde se interna Pedro. Esta última acción de Pedro simboliza la esperanza para el niño desamparado de *Los olvidados* pero de inmediato surge el rompimiento con el encuentro de Pedro con el Jaibo. Pedro pierde los cincuenta pesos del director de la escuela granja y así pierde su única esperanza de regeneración y una vida mejor. La película es una serie de venganzas donde el Jaibo mata a Pedro cuando éste a su vez buscaba venganza por el robo del dinero y la pérdida del honor por la fornicación entre el Jaibo y su madre. La policía recibe la denuncia por parte del ciego en la cual revela el escondite del Jaibo; así el ciego hace acto de venganza por el atraco recibido en manos del Jaibo y sus pandilleros. La policía mata al Jaibo por la espalda mientras éste huía; acto policíaco que semeja a la ley fuga más que al acto justiciero. El Jaibo muere por huir de la autoridad y no por acusación o condena de un tribunal de justicia. Su muerte, lejos de considerarse acto de ley es un acto criminal perpetuado por aquellos encargados de hacer cumplir las leyes. La actitud policíaca es la de un organizmo ejecutador cuya misión es la represión desmedida en contra de jóvenes desamparados como el Jaibo. Con las muertes de Julián, Pedro y el Jaibo la ciudad pierde oportunidades de producir gente educada y trabajadora para el aprovechamiento del crecimiento económico.

En *Los olvidados* existe una gran falta y necesidad de mecanismos para orientar y ayudar a estos niños desamparados que para sobrevivir caen en el pandillerismo y el crimen. Estos niños son los ciudadanos de las grandes ciudades del mundo occidental, expuestos al abuso físico, la explotación sexual y laboral. Este problema social de los años cuarentas del siglo XX no pertenece a un pasado recientemente ido sino todo lo contrario ya que la situación persiste pero hoy en mayor escala. Televisión Azteca en red internacional informó recientemente que el primer desayuno de Vicente Fox como Presidente de México tomó lugar en las calles del barrio de Tepito en compañía de los niños desamparados del México presente. Este acto sociopolítico del nuevo Presidente sólo indica por el momento que los olvidados sociales de la ciudad están en la agenda presidencial como un problema social más a resolver. Los niños desampardos del México de ayer y de hoy son parte de una sociedad polarizada económicamente; por una parte la opulencia y la gran clase media y por otra la pobreza extrema de los marginados sociales, casta que produce al sector de desempleados y desamparados. Niveles socioeconómicos que coexisten en la gran ciudad mexicana y occidental del tercer mundo en primera instancia. *Los olvidados* carece de belleza estética como película pero es una gran obra cinematográfica desde el punto de vista sociológico. El tema más importante es la fatalidad que acompaña a los personajes. Este filme visto desde el punto de vista de un primermundista puede apreciar la obra de Buñuel como irreal, grotesca e irracional por todo lo absurdo que éste contiene, principalmente el hecho de que un niño pierda la vida sin una razón lógica aparente y por lo indigno del medio ambiente para el ser humano.

MARÍA DE MI CORAZÓN

María de mi corazón (1979) del director Jaime Humberto Hermosillo trata la temática y efectos trágicos en los habitantes de la Ciudad de México. El filme es una tragedia de tinte psíquico por la disrupción de la felicidad que sufre esta pareja y el terrible final de la protagonista María al quedar por equívoco como interna en una institución de salud mental para mujeres. En este ensayo se intenta presentar argumentos personales que demuestren la tragedia humana de los personajes centrales como consecuencia directa del establecimiento social de las instituciones y servicios públicos en la capital mexicana, mismos que se presentan como entidades poco funcionales en beneficio de esta pareja que representa la clase media o media baja de la capital. "The film shows the reader how to recognize and, above all, experience the real in culture" (Zavarzadeh 77). Esta opinión de Masud Zavarzadeh es muy evidente en este filme de intenso realismo social donde María fracasa en su intento de búsqueda de la felicidad. En las escenas de la calle se proyecta el vivir cotidiano de la clase popular y aparece la clase alta en una escena con el cineasta mexicano Enrique Lizalde como dueño de una buena casa dando una fiesta en un medio ambiente sofisticado donde hacen acto de presencia la buena vestimenta, los vinos de mesa, la servidumbre que atiende a los invitados al son de una romanza tocada con violín y piano.

Héctor roba para vivir, es un miembro más de los amigos de lo ajeno, forzado por una sociedad que no ofrece alternativas de sobrevivencia decorosa para aquéllos que no tengan profesión, oficio o un buen empleo bien remunerado. Su casa llena de objectos robados y su auto muestran que robar facilita un estilo de vida a nivel de clase media en esta sociedad. María su ex novia aparece repentinamente después de seis años de ausencia. El reencuentro de los personajes los conlleva a gozar de buena salud romántica, deciden casarse y Héctor deja de robar para convertirse en el mago acompañante de María.

"Films, like novels, paintings, and even music, are often regarded as reflections, reports, or at the least interpretations of reality". (Zavarzadeh 91)

En efecto, la pareja progresa rápidamente en lo económico como consecuencia directa de su buen tino como magos, reafirman su mutua afección sexual, vacacionan y elaboran planes de gira artística en ciudades al sur y este de la Ciudad de México. María al dirigirse a Puebla con el propósito de reunirse con Héctor para así cumplir juntos una nueva presentación artística se ve sola, de noche en la carretera, debido a una falla mecánica del vehículo. Así surge repentinamente una nueva realidad de intenso suspenso cuando en su desesperación aborda un autobús con pasajeras dementes que se dirige a una institución psiquiátrica de donde ya no puede salir. El dramatismo trágico se inicia e intensifica aún más por la noche lluviosa, oscura, lo parco del ambiente, la desconección de los personajes con el mundo real y la confusión del personal psiquiátrico quienes asumen que María es una de las internas recién llegadas. La protagonista por desgracia pierde su eficacia para convencer al personal médico de que ella no pertenece al grupo recién llegado. La pareja se aparta por lo extraordinario de las circunstancias y Héctor en su frustación cree en el abandono de María. Dentro de la institución es confinada a una sección más difícil de escapar o ser escuchada. Vive bajo la supervisión de una enfermera de apariencia grotesca, violenta y cerrada a toda posibilidad de diálogo racional. Su corpulencia exagerada aunada a su actitud maternal la dotan de las características de la mala madrastra que somete a sus hijos bajo la amenaza del dolor físico. Héctor la encuentra pero cree que es equisofrénica y su actitud conlleva a María a una depresión más intensa. María termina aceptando su condición como paciente con una profunda muestra de resignación que interpreto como un mecanismo de defensa y de sobrevivencia como única alternativa posible en su confinamiento.

Las circunstancias son absurdas pero reales, son efectos del mal funcionamiento social dentro de un sistema mal organizado por cuatro razones importantes. La primera es la presencia de una carretera interestatal que carece de vigilancia policíaca y patrullaje de rescate para los accidentados y viajeros que sufren percances como le sucede a María. Esta falta de supervisión gubernamental en una carretera que conecta la capital con una de las ciudades más grandes del país es una falla del sistema de comunicación terrestre que provoca en primera instancia la tragedia de María. Un chofer que transporta enfermeras y pacientes mentales de una institución psiquiátrica a otra no debe pararse de noche a recoger extraños que arriesguen la vida de las enfermas ya que el medio ambiente donde transita es de asaltos que están a la orden del día. Al chofer le falta más preparación para el cumplimiento de su tarea segura, su conducta facilita la perpetuación del crimen existente en potencia dentro y cerca de la urbe mexicana. Por otra parte, el personal médico del hospital carece de un sistema seguro de ingreso. Les falta muchísima información porque en el caso de María debieron investigar de inmediato la razón lógica de su presencia en el lugar. María no pasa por ningún tipo de evaluación psiquiátrica formal para determinar si es paciente o no. Este hecho determina la desorganización del hospital y el efecto que tiene sobre aquellos que son inocentes. Finalmente, Héctor vuelve a robar, es sorprendido pero se le permite huir porque el ciudadano de la urbe que funge como víctima trata de evitar represalias y prefiere evitar el contacto con autoridades y sistemas judiciarios en los que confían poco cuando se trata de soluciones para los males sociales. Héctor y María terminan con la desintegración total de su relación debido al mal funcionamiento de la institución mexicana en general convirtiéndose ellos en víctimas del mismo. La ciudad pierde la oportunidad de tener dos nuevos miembros productivos de la sociedad capitalina, pero las circunstancias ilógicas e inefectivas del sistema convierten a María en una posible enferma mental en potencia mientras su esposo vuelve a su viejo oficio de ratero. Así, los dos son convertidos en estadísticas trágicas como las miles existentes en la ciudad.

OBRAS CITADAS

Zavarzadeh, Mas´ud. *Seeing Films Politically*. Albany: U of New York State P, 1991.

IV
PELÍCULAS
CHICANAS

MI VIDA LOCA

*M*i *vida loca* (1993), dirigida por Allison Anders, narra las múltiples historias de un grupo de jóvenes que habitan el barrio de Echo Park, en Los Ángeles. Rompiendo esquemas tradicionales, el espectador conocerá a los personajes principales con base en su propia voz, ya que son ellos los autores de la narración en donde destaca la voz y la participación de las mujeres.

De esta manera, si relacionamos este filme con las teorías que desnudan el control patriarcal, adquiere un discurso de política sexual y de feminismo en el sentido de que pretende denunciar la opresión masculina y porque también la película refleja, da voz y espacio, a la condición femenina. Esta tendencia de *Mi vida loca* se refuerza porque deja entrever ese sistema de complicidad a favor del hombre que en este caso se da en el ambiente pandilleril y del barrio marginado en el que principalmente se desarrollan las acciones. Hay que recordar que el dominio del hombre es tal que viene asegurando y consolidando todo un clima ideológico y material de complicidad, en el que la mujer es inferior, en todas las capas sociales incluyendo las más bajas como las chicanas angelinas que nos ocupa:

> Man's dominance has secured an ideological climate of compliance: "Legislators, priests, philosophers, writers, and scientists have striven to show that the subordinate position of woman is willed in heaven and advantageous on earth". De Beavoir documents her argument with great erudition. Women have been *made* inferiors and the oppression has been compounded by men's belief that women *are* inferiors by nature (en Selden 129-30).

Así, la cinta, dividida en tres episodios entrelazados, se enfoca inicialmente en la vida de dos chicas, de apodos Sad Girl y Mouse, amigas desde la infancia, que crecen juntas, desarrollan una relación muy estrecha y pertenecen a la misma pandilla, pero en un determinado momento cada una tiene un hijo del mismo hombre (Ernesto), un vendedor de drogas que tiempo después es asesinado por una de sus clientas. A raíz de este hecho, la amistad entre las jóvenes, que se había convertido en odio, resentimiento y rencor, parece renacer. El siguiente episodio se centra en una chica, Giggles, que sale de la cárcel después de cuatro años de cumplir con una condena por un crimen que no cometió. Ella se muestra resuelta a cambiar su vida, conseguir un trabajo y no depender nunca más ni material ni sentimentalmente de los hombres, mostrando un feminismo liberador. Trata de convencer inútilmente a sus amigas de que analicen sus vidas y tomen rumbos distintos.

La tercera narración trata la historia de "Suavecito", un *lowriders truck* al que ya se ha hecho alusión anteriormente, propiedad de Ernesto, de cuya existencia ni Sad Girl ni Mouse estaban enteradas. Ellas intentarán recuperar el auto para venderlo, repartirse el dinero y así ayudarse en la manutención de sus hijos. En este episodio se narra también la historia de Blue Eyes, una adolescente que sostiene un romance epistolar con un joven que está en la cárcel, El Durán, el clásico latin lover del barrio, que como muchos de los protagonistas masculinos del filme es asesinado.

La cinta, pues, se desarrolla en un ambiente de crudo dominio patriarcal en el barrio, el submundo de las pandillas, el crimen y las drogas en el cual las mujeres emergen como víctimas de la opresión y la marginación con sus intentos de liberarse. Este reflejo, por lo tanto, es un discurso de protesta y denuncia, es una reacción que la analista Kate Millet considera de "política sexual" porque *Mi vida loca* actúa en contra de la dominación del "patriarcado" como lo define la misma Millet:

Patriarchy subordinates the female to the male or treats the female as an inferior male. Power is exerted directly or indirectly in civil and domestic life, to constrain women. Despite democratic advances, women, argues Millet, have continued to be coerced by a system of sex-role stereotyping to which they are subjected from the earliest age (en Selden 131-32)

La cinta, entonces, expone de una manera realista la vida cotidiana de chicanos, y sobre todo chicanas: las costumbres, los valores, las tradiciones; las forma de hablar, de vestir, de divertirse; las maneras de relacionarse, de amar y de odiar; las aspiraciones, las esperanzas, los deseos, los sueños, así como las frustraciones, la soledad, la desprotección y el dolor de esas mujeres marginadas que viven en condiciones de opresión y discriminación en un ambiente de colonialismo interno: no sólo son víctimas de los hombres inmediatos de su espacio, sino del sistema dominante del capitalismo anglosajón. El espectador puede pasear sus ojos por las calles del barrio y el interior de las casas, con lo que se revelan aspectos distintivos de la cultura femenina latina. Tatoos y graffitis como imágenes recurrentes; las caminatas lentas de las pandillas por las calles; la música, los muebles, los objetos característicos de las casas de las familias chicanas; las armas símbolo de la violencia que domina la atmósfera; la odisea de sobrevivir en un espacio donde es algo ordinario que los novios, los padres y los esposos terminen muy pronto en prisión o asesinados, y en donde es común que ellas se conviertan en madres solteras antes de los 20 años de edad. La vida de estas mujeres está en gran medida determinada por la camaradería, el afecto y la solidaridad que se brindan entre ellas. Es importante destacar que el segmento femenino de las bandas chicanas ha sido tradicionalmente ignorado por otras películas con ese corte, con lo que esta cinta adquiere un valor especial en su papel de política sexual que venimos manejando porque expresa crudamente la condició femenina no de la mujer blanca, sino la de la marginada entre las marginadas.

Sin embargo, hay algunas críticas y cuestionamientos que la propia cinta obliga a hacer para que refuerce su mensaje de política sexual: ¿Hasta qué punto reproduce estereotipos negativos sobre las chicanas como dependientes tanto de los hombres como del "welfare"? ¿Por qué en la cinta es tan escasa la participación de mujeres adultas, madres, abuelas, tías, hermanas mayores, que en la realidad son un soporte importante para las adolescentes en la medida en que ellas también resistieron y sobrevivieron a una vida dura? Además, ¿no perpetúa esta cinta el estereotipo de los latinos como bandidos y traficantes de drogas, y de las latinas como mujeres ignorantes que son una carga para el estado?

Quienes aparecen en ella, tanto mujeres como hombres , están lejos de representar el papel de personajes fuertes y complejos. Si bien se explora la vida de las mujeres chicanas, éstas se describen como personas con vidas simples, aisladas de la vida familiar, de su cultura, de su espiritualidad. No se profundiza en lo que piensan sobre su raza, sobre su propia historia, sobre la discriminación. Son jóvenes pasivas, agresivas, violentas, superficiales, sin esperanzas ni sueños por una vida más profunda y trascendente. En la película no hay elementos para que el espectador se autoimponga un análisis serio sobre el contexto social, el racismo histórico, el sexismo y la opresión de clase, lo cual hubiera dado luz a las condiciones que afectan las vidas de las jóvenes y aumentaría el carácter feminista, de política sexual, del filme en algo que urge para combatir el estereotipo de la mujer latina— pasiva, sumisa, abnegada—que poderosamente sigue reproduciendo Hollywood..

OBRAS CITADAS

Selden, Raman. *Contemporary Literary Theory*. Lexington: U of Kentucky P, 1986.

V
PELÍCULAS BRASILEÑAS

ORFEO NEGRO

Explotando el lenguaje simbólico de las imágenes, el cineasta francés Marcel Camus en la producción *Orfeo Negro* (1959) desconstruye, irónica y tragicómicamente, la autoritaria, y respetada mitología grecolatina colocándola en situación de cotidianeidad terrenal opuesta a la tradicional excepcionalidad divina o ideal.

Su desmitificación falta al respeto y critica las bases de la civilización occidental dominante cuando, colocado al otro extremo, recrea fielmente la versión alternativa del Orfeo tercermundista subyugado a través de visualizaciones exactamente opuestas a la cosmogonía grecolatina.

De esta manera, Camus no va a buscar las alturas celestiales del Olimpo eurocéntrico, plagado de semidioses blancos con narices rectas, sino las infernales *favelas* brasileñas donde abundan ya no negros africanos sino derivaciones raciales más complicadas como mulatos, sambos y variantes de piel oscura y de narices chatas.

Y, para exaltar el contraste y por lo tanto el efecto desmitificador, el cineasta francés va a apelar al poder del lenguaje visual al proyectar la cinta en un simple, llano y convencional blanco y negro. Esta decisión, surtirá más impacto ya que sacrifica la explotación gráfica de la exhuberancia y colorido carnavalesco en aras de imponer el peso desconstructor de los personajes negros de carne u hueso que contrastan con la delicadeza sonrozada—¿blanca?— de las deidades griegas. Blanco, pues, es el mito occidental, idealizado, a destruir. Negro es la realidad concreta del marginado, la cosmovisión alternativa del subyugado, la propuesta desmitificadora cargada de novedad sensual y carnal que se impone por sobre la antigua mitificación.

Camus coloca entonces a un Orfeo terrenal moreno, trabajador, diestro en la zamba, apasionado, sentimental y entregado a una Eurídice de iguales características. Se oponen ambos a sus correspondientes semidioses griegos aficionados a las artes que sublimizan el espíritu. Tampoco será un Aristeo prendido de amor divino quien produzca indirectamente la muerte de Eurídice sino un típico danzante lujurioso disfrazado de calavera en pleno bullicio de carnaval.

Mucho menos una inexistente y lejana *áspid* va a ser la causante directa de la muerte de la amada en disputa, sino una tangible descarga eléctrica accionada por el propio Orfeo proletario.

Sucesivamente, Camus, con su mecanismo de imágenes contrarias al mito original, escenifica la recuperación de Eurídice en situaciones coloquiales, pragmáticas y realistas: Orfeo negro la rescata no mediante peticiones a Plutón o superación de obstáculos fantásticos—el can Cerbero, etcétera—sino con una simple visita a la morgue citadina después incluso de rechazar el espíritu de Eurídice supuestamente traído por el rito vudú tan arraigado entre los brasileños. Más realista, solamente conformado con el cuerpo de la "doncella", regresa no al Olimpo sino a su paraíso terrenal de las *favelas* sólo para caer ambos más abajo, al pie del precipicio de basura y desperdicio, después de que el oscuro Orfeo es muerto de un mortal golpe de piedra lanzado por los sensuales danzarines del mundano y hedonista carnaval.

Y no hay tragedia, no tiembla la tierra ni truenan los cielos. Sencillamente se impone el nuevo ciclo, el reconocimiento natural, hasta biológico, de la continuación de la existencia al presentar las escenas finales a un trío de infantes cantando y danzando; sustitutos y continuadores de la fiesta de los sentidos, de la explotación y marginación que queda asegurada entre la embrujante y escapista diversión del carnaval infernal, razón de vida y muerte en la tierra muy alejada de las penas sublimes y sofisticadas de los dioses griegos del Olimpo que quizá nunca existió.

CENTRAL STATION

Central Station (1998), del director, Walter Selles, es una película que proyecta una imagen internacional del maltrato, abandono y abuso al niño. Esta temática nos conlleva a pensar en la dignidad humana y cómo se presenta en la sociedad brasileña a través de esta película. La dignidad del niño es un tema mundial que otras culturas y en diferentes épocas se han preocupado por revelar como en las novelas: *El Lazarillo de Tormes* (anónimo), y *Rinconete y Cortadillo* de Miguel de Cervantes Saavedra; en películas de fama internacional como: *Los olvidados* (México), *Pixote* (Brasil), *Salam Bombay* (India). *Pixote*, es una película tremendista que remeda mucho el argumento de *Los olvidados* y *Salam Bombay*; es una copia de *Pixote*, pero con un estilo más suave y artístico.

El abandono se presenta en *Central station*, con la protagonización de Josué, el cual acude con su madre, Ana, a la estación en busca de una redactora de cartas. Josué, y su madre, habían sido abandonados y recurren a la búsqueda del padre en un acto desesperado que anhelaba la reunificación familiar, el perdón y una nueva vida. Josué se presenta ante la escribana, Dora, como un niño inestable emocionalmente, ya que, mientras la madre dicta y Dora escribe, Josué destruye con su trompo parte de la mesa provocando el malestar de los adultos. El mundo olvidado del niño, la falta del padre, nos conlleva a pensar que tiene deseos de existir y para ello destruye para ser así tomado en cuenta por los adultos. Su conducta, también, es un desahogo a la frustación causada por el abandono del padre. La expresión máxima de insatisfacción la manifiesta Josué, a través de sus contestaciones las cuales van cargadas de enojo, desconfianza y toman un matiz de antagonismo abierto ante Dora.

La indiferencia hacia el individuo es de vital importancia en *Central station* por dos razones esenciales: lo primero es la misma estación de trenes, donde acuden miles de personas con el comportamiento de la gran ciudad donde todos andan de prisa y la comunicación es indiferente para todos, ya sea por la falta de tiempo o un sentir individualista. La excepción a la indiferencia la protagoniza, Dora porque la naturaleza de su trabajo de escribana la obliga a tener una constante comunicación oral con sus clientes. Sin embargo, Dora se presenta al principio de la película como el personaje más indiferente y abusivo hacia el indefenso porque al percatarse de la muerte de la madre de Josué, decide venderlo bajo el conocimiento de que sus órganos se usarán para transplantes. Así nace el tema central de la injusticia social como consecuencia de la explotación interna bajo una estructura represiva. Si nuestra conclusión acerca de la conducta de Dora es correcta, entonces es también una asesina. El dinero que recibe la escribana por la venta de Josué, es el equivalente al precio de una televisión en Río de Janeiro; este hecho, demuestra el poco valor que se le da a la vida y a la dignidad humana. Sabemos, así, que la vida de un niño abandonado en Brasil tiene el precio de una televisión de 19 pulgadas o menos. La gran indiferencia ante la vida existió también en México durante la decena trágica donde el lema revolucionario leía "La vida no vale nada". Lema que se escucha en los octosílabos compuestos en la época que narran hechos de sangre. Pero lo interesante es que esta producción cultural brasilena nos expone la misma filosofía en 1998, como una gran muestra de barbarie social.

Dora reveindica su actitud asesina al rescatar a Josué de una muerte inecesaria para él. Al rescatarlo, le brinda su protección moral y su apoyo económico. Ambos inician la parte romántica de *Cental Station* donde Dora y Josué se acercan poco a poco. Al principio, son dos desconocidos, luego dos amigos y terminan amándose como madre e hijo. Estos grados de acercamiento nos recuerdan a Fabio y don Segundo Sombra en la obra de Ricardo Güiraldes, escrita en 1927. Dora desea iniciar el viaje hacia el noreste con Josué.

A predominantly desert-like territory of nine states making up 18 percent of Brasil, the northeast had its short-lived glory day at the beginning of the colonial Period when its economy was based on sugarcane and cotton plantations. (Discovery 219)

Todo lo que hoy visualisamos en *Central Station*, es sólo un lugar poco poblado, pobre y con un gran fanatismo religioso. Creemos que Josué es un niño muy bien parecido, pero Dora es una mujer que a su edad posjubilatoria ha perdido sus atributos femeninos de belleza. Así, el tema no tiene relación con lo sexual, la belleza, sino aquí es más importante la proyección universal de la injusticia contra la dignidad del niño. Dora termina reveindicada de su pecado al cumplir su misión logrando llevarlo con sus hermanos al noroeste de Brasil y todo termina con un desenlace romántico donde Dora y Josué, se separan, pero con la esperanza que el padre regrese a su lugar de origen y se reuna con Josué el hijo perdido. También, aquí termina el romancticismo para Josué, porque termina en cierto grado la búsqueda del hogar perdido.

Each day Rio's streets and sidewalks support eight million people transported by a million cars, trucks, buses, motorcycles, and scooters, all competing for room in a space designed for one third their number. (Discovery 141)

Río de Janeiro, como urbe, presenta la estación de trenes como un microcosmos de la ciudad donde se perfila no sólo la indiferencia y el abandono hacia los niños, sino también el abuso a éstos que en ocasiones los lleva a la muerte tan sólo por transgredir alguna norma social. Josué, al morir su madre, se convierte temporalmente en una presa fácil del sistema, ya que el niño desamparado tiene que violar las reglas sociales para sobrevivir en un mundo injusto y es cuando encuentran la muerte en manos de ejecutadores o paramilitares sin uniforme que tienen como función asesinar a estos niños como si se tratara de una buena obra social. Así, el equívoco de la sociedad brasileña es conducir esta actritud animalesca en vez de ayudar al niño necesitado como se hace en otras partes del mundo. La estación es un mundo inseguro para todos.

Thieves often operate in teams and are master at diversionary tricks [...] When traveling, alwayscarry valuables and money in a money-belt, worn out of Sight. (Discovery 338)

Be on guard against robberies on crowded buses, which ocurr frequently, even in Broad daylight. (Discovery 343)

Un niño desamparado roba en la estación y es acribillado, este niño pudo haber sido Josué, el actor que terminamos queriendo. Nuestra reflexión es que la verdadera escoria social en la sociedad brasileña no son los niños, sino la falta aparente que se proyecta en la película para ayudarlos. En conclusión, *Central Station* es una película que no ofrece soluciones al problema de niños desamparados, pero es de buen gusto para la audiencia internacional por los temas de: venta de órganos, viajar en aventones, la rebeldía infantil personificada por Josué, el mejoramiento moral del habitante de la zona rural, la revelación de lo brasileño como la interrelación racial, la presencia evangélica y la efervecencia religiosa; además, muestra la miseria social, proyecta una leyenda negra de la pobreza, pero también se observa un profundo humanismo. Es una película muy sentimental y emotiva en cuanto al carisma humano se refiere. Este filme, de poca acción, pero de gran e intensa pasión dramática requiere de excelentes actores de gran drama artístico más que de belleza física.

OBRAS CITADAS

Discovery. *Insight Guide Brasil.* United States: APA Publications, 1999.

STORY OF FAUSTA

Story of Fausta (1987), es una película del director Bruno Barreto, donde protagoniza la actriz brasileña, Betty Faria, el papel de Fausta. El filme contiene un lenguage denigrante, de constantes amenazas; sus protagonistas son de esencia vulgar, violenta e interesada.

Las formas mediante las cuales la cultura se habla con palabras e imágenes—los sistemas de signos que la comunican y las redes de mensajes que la trasmiten socialmente—encarnan y defienden intereses partidistamente ligados a ciertas representaciones hegemónicas que refuerzan lineamientos de poder, dominancia y autoridad. (Richard 11)

La semántica de los actores señala una clase social del mundo bajo. Fausta y su esposo son altamente individualistas y territoriales, seres maltratados por la dureza de la vida, habitantes de una villa miserable cuyas condiciones sociales e higiénicas ofenden al espíritu humano del receptor cinematográfico. Además, la pareja es adúltera y esto los conlleva a la violencia, al alcoholismo y a la depresión moral que los hace de un carácter y forma de vida infrahumana. La presencia de un esposo alcohólico, adúltero, sucio, de pésimos modales maculinos y humanos; de un vocabulario obsceno, proyecta a esta clase social como la escoria de la sociedad brasileña de Río de Janeiro. La inseguridad económica de los protagonistas, aunada a la falta total de respeto mutuo y la agresión física, los lleva al fracaso final de sus relaciones familiares y humanas. Inclusive, dentro de su propia casa, la pareja es altamente territorial y no se tiene misericordia. La cama es el lugar más preciado por ambos personajes, y el castigo que impone Fausta a su pareja por su mal comportamiento es prohibirle el acceso a esta comfortable área de descanso. La crueldad que se infligen es de características tremendistas como la vida misma que protagonizan. En el mundo de Fausta, la sobrevivencia por la vida es la obligación primaria; se ganan la vida con dureza, dolor, en medios ambientes indignos porque reciben malos tratos, ya que son abusados física y verbalmente durante horas laborales en la gran ciudad. Fausta labora como sirvienta en una casa donde el señor la manosea, la señora le grita y la corre; e inclusive tiene que limpiar excremento. Así, ambos hogares son para Fausta infiernos no envidiables por nadie y la ciudad es como su cárcel de la cual no se puede liberar, ya que en vez de tratar de salir de ella desea construir una casa en un mejor barrio.

El mundo de *Fausta* es injusto para todos. El viejo Zé vive con la ilusión de ser amado y sólo encuentra en Fausta la extorsión y la muerte. Fausta lucha por la construcción de su casa, y tal vez lo logre con el dinero producto de la explotación, pero lleva dos muertos en su conciencia. Fausta no ama a nadie, su lucha es individual, es una asesina porque durante la inundación que afecta su casa deja morir a su esposo y a su amante; no los ayuda, ni siquiera se lamenta por sus muertes. Su conducta es la de un animal rabioso. La heteroglosia en *Fausta* no es muy diversa, ya que todo se resume al lenguage obsceno. La orquestación de voces es múltiple, pero conlleva siempre al lenguage vulgar de un "populus" de muy baja moral y educación.

Sabemos que el lenguage no sólo nombra. Al nombrar, define y categoriza: cada nombre recorta una fracción de realidad y experiencia a la que el lenguage le da un estatutos lógico-conceptual según el esquema de razonamiento que la cultura legitima como esquema dominante. (Richard 22)

En *Fausta*, el lenguage es la primera línea de defensa que inclusive se antepone a la agresión física. Todo se defiende con agresividad verbal. Los evangelistas, y Zé, en apariencia no ejercen la violencia verbal, pero usan sus heteroglosías para obtener sus objetos de deseo. Zé lucha por obtener el placer sexual y los evangelistas dinero. Así, ambos se pueden categorizar como explotadores que sólo orientan su discurso a una aparente realidad sana e desinteresada, pero en el fondo tienen como meta obtener dos cosas que los demás no entregan fácil: el dinero y el amor.

OBRAS CITADAS

Richard, Nelly. *Masculino/femenino*. Chile: Zegers Editor, 1989.

CARMEN MIRANDA:
BANANAS IS MY BUSINESS

Carmen Miranda: Bananas is my Business (1994), dirigida por Helena Solberg, no es simplemente un documental, sino un video clip histórico de la figura mítica de la cantante y actriz Carmen Miranda que explica el constructo sexual que la industria de Hollywood hizo de la llamada mujer "latina" con repercusiones hasta el presente. Porque Solberg no sólo comparte la experiencia como mujer que abandona Brasil y se acerca a los Estados Unidos para probar fortuna, de aquí lo personal del documental, sino que el discurso facilita a la audiencia una visión de los pormenores de la vida y el trabajo de la actriz, revelando los propósitos político ideológicos de Hollywood al crear al personaje Carmen Miranda.

Si el cinema crítico intenta producir reflexión política y ofrece un espacio para analizar lo cotidiano y la realidad en general, y si aborda lo social como un fenómeno que no ha de tomarse como natural, sino que propone o demanda del espectador una explicación al estado de cosas (Zavarsadeh 12-13), este documental es fuente que explica cómo la industria del cine norteamericano de la época crea el estereotipo de la llamada "mujer latina" que continúa hasta la fecha de alguna manera en las versiones de Salma Hayek, Penélope Cruz o Jennifer López. Pero, ¿crear a la "mujer latina" con qué propósito ideológico?: para entretener al espectador masculino de la época, principalmente al norteamericano, mediante rumberas, "chiquitas bananas", sensualidad, es decir, reproducir el prostíbulo latinoamericano en la propia casa del hombre que paga.

Y, continuando con Zavarsadeh, si elaborar un análisis político en un filme implica no limitarse a explicar sus elementos retóricos y estructurales, sino además interesa comprender la función ideológica de los contenidos, desentrañar si las películas son portadoras de determinados elementos semióticos que impactan al espectador para que confirmen, o cuestionen, su relación real con el sistema social dominante donde habitan, la invención de Carmen Miranda, es decir, su función como género sexual femenino dentro de la sociedad patriarcal norteamericana, lleva el objetivo de provocar en el espectador masculino un escape de los abatares de la guerra y la posguerra de los años 40's y 50's del siglo XX; cumple el papel de sujetar al hombre dentro del capitalismo expansionista a cambio de la ilusión de poseer en el cine a mujeres alegres, seductoras, exóticas, preámbulo para poseerlas en la realidad de La Habana, México o Río de Janeiro.

Esta función se refuerza si contextualizamos a la Carmen Miranda que revela el documental: ahí se informa que su clímax de fama y éxito se dan, precisamente, durante las décadas ya mencionadas—según el filme ella muere en 1955 durante su última actuación en el show de Jimmy Durante en el que sufre un colapso. Esta época coincide con la emergencia del llamado "cine negro" norteamericano en el que los personajes femeninos, como lo explica Ana Núñez, surgieron como novedad tras los cambios sociales producidos en la sociedad de Estados Unidos durante la II Guerra Mundial que marcaron hitos decisivos en la emancipación de la mujer estadounidense. Así, mientras la mujer norteamericana se emancipa, representando "una amenaza al dominio del varón" (Núñez), Hollywood saca de la manga el "as" de la mujer latina como opción para seguirle dando placer y entretenimiento al hombre.

La creación no pudo ser más oportuna y exitosa: mientras la mujer en el cine negro codicia el dinero—valor siempre propio del constructo masculino, es bella pero ambiciosa, insensible y cruel; mientras la mujer norteamericana en este cine utiliza su cuerpo y su sexualidad como arma para lograr lo que desea, aplica la intriga, la mentira y la manipulación para obtener beneficios lucrativos, la "chiquita banana" es todo lo contrario: cándida, alegre, bailadora, sumisa, inocente; siempre dispuesta a dar y recibir el goce, no es amenaza contra el control patriarcal, mucho menos el del hombre anglosajón sustentador del poder. Con esta imagen de Carmen Miranda, el macho asegura a la prostituta que siente se le va de las manos en su propio territorio o, enajenado por la explotación del capitalismo, ocupado en la guerra y la reconstrucción de la posguerra, no puede desplazarse a lugares exóticos en busca de ellas, de su placer que supone merece.

Hollywood, entonces, se la trae, se la pone en directo, le construye una mujer con imágenes de aventura y exotismo, mujer romántica, sensual, agitanada o rumbera; todas representadas por la Miranda quien, a pesar del debate que muestra el documental del origen brasileño o portugués, en realidad sintetiza todo lo "latino" de acuerdo a la concepción de Hollywood: es ibérica, sudamericana, caribeña, la "chiquita banana" con turbantes, canastas de frutas sobre su cabeza, ardiente en Bahía, sin pelos en la lengua, arriesgada, como la definía Rita Moreno: "Teníamos que exagerar nuestro sexo, siempre abandonadas por un hombre...tienes que ser vivaz, feroz" Una exageración es decir, la mujer perfecta para el prostíbulo o el centro nocturno, no en Brasil, no en Cuba, sino en tierra yanqui o en los campos de batalla bélicos o económicos de los norteamericanos.

Por ello, en un sentido político ideológico, la Miranda pertenece y es fruto de la industria cinematográfica norteamericana la cual, según se revela en el documental, destinaba grandes sumas de dinero a la estrella, la mimaba, la lucía con las élites y la soldadesca. No había por qué escatimar: Carmen Miranda en 1945 fue la mujer más pagada de Estados Unidos a cambio de esos roles caricaturescos, sombreros que alcanzaban alturas irracionales como en *The Gang's All Here,* donde era imposible acomodar el rascacielos de bananas en el estudio. Así, el constructo y su función ideologíca están hechos para y por el capitalismo norteamericano; y, ante ello, según el documental, hubo reacciones de protesta: Brasil la consideró en un tiempo responsable de la ridiculización de sus costumbres y hay períodos en que ya no es muy bienvenida; luego, por su participación en las relaciones internacionales de los Estados Unidos, "Good Neighbor Policy", los brasileños la consideraron como una vendida.

Sin embargo, hay que reconocer las muestras de rebeldía de la persona Carmen Miranda ante el papel que se le construyó, como lo revela el documental, ya que sufrió desgastes físicos, dependencias con drogas, tratamientos con choques eléctricos para poder resistir. Importante, en este sentido, es también resaltar su dignidad: Carmen tuvo momentos de protestas que demostraron su coraje y sensibilidad ante el embate aparatoso de Hollywood: la frase que da nombre al documental *Bananas is my business,* no deja de ser irónico y surgió en una canción de protesta sobre sí misma, tratando de atacar el estereotipo que ayudó a crear con tanto éxito, como lo muestra el hecho de que en el presente se sigue considerando a la mujer latinoamericana en el cine como dadora de placer, sirvienta, amante, todas al servicio del hombre blanco anglosajón con todo su poder.

OBRAS CITADAS

Núñez, Ana. "Armas de mujer fatal". http:// www.lasestrellas.com/ perfiles/ mujeresfatales.html

Zavarzadeh, Mas'ud. *Seeing Films Politically.* Albany: U of New York State P, 1991.

LA HORA DE LA ESTRELLA

Los callejones sucios y lo subterráneo de la ciudad de Sao Pablo, son la morada de un personaje solitario en el que pocos se fijan, si acaso los ciegos. *La Hora de la Estrella* (1986), dirigida por Suzana Amaral en una adaptación de la novela de Clarice Lispector, presenta un *tale* de la identidad marginal en la sociedad machista brasileña: Macabea, joven huérfana y sin educación, abandona su pueblo del noreste de Brasil para trabajar en Sao Paulo; allí consigue apenas sobrevivir trabajando como mecanógrafa, compartiendo una habitación con otras muchachas y buscando desesperadamente al hombre de sus sueños. Macabea es un personaje de factura literaria, recortado de un relato de Herman Melville como *El Escribiente Bartleby* o del universo kafkiano; al llegar a la ciudad se encuentra con un mundo de reglas y presiones que desconoce y se convierte en una especie de anti-heroína moderna. La directora Amaral eligió a una actriz como Marcélia Cortaza, de actuación memorable, encarnando la dualidad de "fealdad" y "belleza, en un personaje que parece casi inmutable.

Al comienzo, un *tale* de la película hace que el espectador se sienta perturbado por la presencia de Macabea e incluso tiene una tendencia a identificarse con los otros personajes que la critican en su trabajo y en su vida personal. "Macabea mira que eres tonta," le dice su compañera de labores, Gloria, y ella se disculpa constantemente con la cabeza baja, sumisa, como pidiédole perdón a la vida. No es hasta que Macabea se encuentra con su enamorado cuando la audiencia podrá acercarse a la interioridad tribial y sorprendente de este personaje. En uno de sus paseos cotidianos por el parque, Macabea se encuentra con un hombre elegante que se está tomando una foto en traje y corbata, aunque en realidad el atuendo le es proporcionado por el fotógrafo.

Ambos personajes jamás revelan sus sentimientos afectuosos verbalmente, Macabea quizás porque no sabe cómo idenficarlos y Olímpico porque la presión social no se lo permite, víctima del heterosexismo compulsivo de la sociedad machista que obliga al hombre refrenar sus emociones y ser ejemplo de sobriedad, control y reserva, sobre todo en cuanto a los sentimientos e impulsos eróticos. Por ello, intensifica su machismo y critica a Macabea constantemente para reforzar sus sueños de convertirse en diputado—y doctor—aunque ni siquiera sepa definir el significado de la palabra diputado. Su "hombría" entonces la sustenta poniendo a Macabea como inferior quien asume la relación como algo natural, víctima del trato despreciativo que siempre ha recibido.

La protagonista, estéticamente no bien dotada según lo cánones tradicionales, cifra su esperanza de cambio a través de los anuncios inútiles que le llegan desde su radio portátil, único contacto con la cultura social cuyas palabras no puede comprender. Por lo cual interroga a Olímpico quien tampoco tiene la respuesta. Ambos son igualmente ignorantes pero Olímpico no debe reconocerlo: "¿Qué es cultura?" pregunta ingenuamente Macabea y éste le responde "cultura es cultura". Fastidiado por la evidencia de su propia ignorancia, agrega sentenciosamente: "Los burdeles están llenos de muchachas que preguntaron demasiado", respuesta que denota cómo la sociedad patriarcal tiende a premiar la ignorancia de la mujer y destruye o rechaza a las que intentan liberarse.

Por ello, mientras que Macabea es un ejemplo de mujer enajenada y dominada, oculta tras una imagen de fealdad condenada por la sociedad, su compañera Gloria parece presentar un *tale* de transgresora: es una mujer un tanto liberal que desde que perdió su virginidad a la edad de quince años confieza haber tenido cinco abortos, rompiendo así con los clichés de pureza, castidad y defensa de la vida que promueve la moral cristiana. Además, se enfrenta al control del macho ya que su poder consiste en manipular a los hombres para obtener lo que busca.

Pero como todos los personajes de esta película, Gloria tiene otro rostro, un rostro que es presentado en el *tale* de Madam Carlota quien le lee su destino y su presente. Gloria sabe que no ha cumplido con las reglas impuestas y se siente hasta cierto punto con remordimiento social; entonces canaliza su rebeldía, lava sus culpas, tratando de arruinar aún más a Macabea. De esta manera, Gloria consigue robar el amor de Olímpico, logra que Macabea mastique más aspirinas, sin saber cuál es ese dolor que proviene de su mal de amores y, como parte del plan, la convence para que visite a Madam Carlota. He aquí la hora de la estrella para Macabea.

Si Borges sentenció que "en un día del hombre están los días del mundo", en una hora de la vida de Macabea se enciende el fulgor que iluminó toda su existencia. Madam Carlota le revela su destino, es decir, le despierta la posibilidad de realizar un sueño liberador ante la marginación en la que vive. Si bien las predicciones se cumplen, es porque tienen otra vuelta de tuerca: la vidente le anuncia que sus jefes no la despidirán, que Olímpico volverá con ella a pedirle perdón y que su futuro esposo será un joven atractivo y millonario que conduce un coche deportivo.

Macabea cambia para siempre luego de esta predicción. Entre las imágenes semi-reales de la película, sale corriendo por las calles con su vestido de novia y por primera vez el espectador la ve hermosa. Pero corre hacia un encuentro mortal con su destino. La directora Amaral deja al espectador con un sabor amargo y trágico porque lo que no es útil para la sociedad patriarcal, lo elimina; pero, por otra parte, abre una puerta al simbolismo de quien recibe una revelación y resucita de nuevo, siembra la esperanza del oprimido, de las oprimidas. Denuncia también la dificultad del marginado por liberarse en la sociedad capitalista: lo que se desea puede destruirnos porque Olímpico y Macabea, sumidos en los sueños de la clase media baja, en su afán por realizarlos, son víctimas de la "fatalidad", es decir, de un mecanismo de control social que los reprime. En *la Hora de la Estrella* los personajes están desamparados como en un mundo de Sartre, sin dioses ni milagros, entre el color gris de la ciudad de Sao Pablo que los confunde entre el vaho de la contaminación. Huérfanos como viven, mueren sin testimonio.

De esta manera, si el cine brasileño de los 80's del siglo XX se define como el del desencanto, dejando atrás los días de carnaval constante y prosperidad sin límites, la grave crisis económica del país y el crecimiento desmesurado de ciudades como Río de Janeiro y Sao Paulo, se vierten en la temática de su producción. El resultado es un cine comprometido con su realidad social como esta película que muestra así lo cercano que son las realidades nacionales de Latinoamérica. Es también un ejemplo de cómo el cine puede cumplir con su misión de entretener y hacer pensar al mismo tiempo.

ANTONIO CÁRDENAS CONTRERAS

QUE BUENO VERTE VIVA

Testimonios de una etapa en el archivo negro de la historia política de Brasil impactan al receptor y apelan a su conciencia social en la película documental *Que bueno verte viva* (1989, *Que bom te ver viva*) dirigida por Lucía Murat quien experimentó en directo los horrores de la dictadura militar brasileña. Aunque mucho se ha revelado sobre las dictaduras en Sudamérica y su secuela de torturas, desaparecidos y fallecidos, la aportación de Murat es que se concentra en revelar la represión y persecución aplicada a las mujeres. ¿Y por qué la mujer? Si toda representación ideológica, como lo estipula Louis Althusser, implica tomar una posición frente a determinado poder, Murat aquí denuncia a los represores revelando lo doblemente marginado: las víctimas políticas opositoras, pero del sexo femenino, cuando lo tradicional había sido revelar las masculinas, conocido ampliamente con la pretensión de universalidad.

Porque Murat presenta la parte ausente que hacía falta para ampliar el cuadro del horror: dar a conocer que la mujer participó también en un intenso activismo contra las dictaduras pero debido a su carácter femenino habían quedado ocultas, escondidas, es decir, en la casa, en su intimidad de subordinadas como lo explica la propuesta teórica de Teresa de Lauretis: en su definición de género lo asocia con el concepto altusseriano de ideología, pero lo considera— al género femenino—doblemente marginado respecto a la dominancia masculina:

> But, it will be objected, it is reductive or overly simplistic to equate gender with ideology. Certainly Althusser does not do that, nor does traditional Marxist thought, where gender is a somewhat marginal issue, one limited to "the woman question". For, like sexuality and subjectivity, gender is located in the private sphere of reproduction, procreation, and the family, rather than in the public, properly social, sphere of the superstructural, where ideology belongs and is determined by the economic forces and relations of production. (Lauretis 6)

Murat, entonces, lo saca a la luz: mujeres, es decir, el género oculto, pero además mujeres activistas, es decir, opositoras que fueron reprimidas por esas fuerzas ideológicas con sus poderosos aparatos represores que, ante el fracaso de los aparatos de control ideológicos, aplicaron la violencia física y el terror en el Brasil para seguir perpetuándose en el poder (Althusser). Y es significativo que Murat lo haya hecho a través de un documental y no con la ficción: el documental resulta más denunciativo por su referencialidad, como queriendo insistir que esa realidad existió en forma contundente como lo indican los nombres, los lugares, las protagonistas en un tiempo y espacio concretos. La ficción no hubiera sido tan denunciativa porque se creería siempre que es mucho de imaginación.

Así, las mujeres politizadas y su género femenino que la sociedad patriarcal oculta, surgen reveladoras: experimentan la dualidad de la tortura y la esperanza de vida, trayendo a luz niños en prisiones, desafiando no sólo al régimen, sino a la estructura social que no está preparada para una oposición de esta naturaleza. Se observa qué fue de esas mujeres que trascendieron los patrones y la política de su tiempo pero también se capta lo que se ha querido esconder de ellas como género femenino. No sólo se confirma su activismo, su papel como militante, sino también su resistir ante la pérdida de un ser querido; mujeres que viven la cotidianidad, confesando sus íntimos temores; mujeres víctimas de torturas sexuales; que estuvieron presas y ya no son socialmente aceptadas, mientras que otras son especies de leyendas vivientes escuchadas por las nuevas generaciones; mujeres estigmatizadas como terroristas y que la directora se empeña en que no sean borradas por el ritmo alegre de los carnavales; mujeres, pues, ahora doctoradas en filosofía, profesoras de historia, profesionales de la cultura que una vez fueron jóvenes y vivieron el sueño de un mundo mejor.

El documental, así, no se reprime en absoluto y sigue revelando al mundo lo que ocurrió con aquellas mujeres cuya maternidad fue una respuesta de esperanza, tratando de encontrar un equilibrio entre vivir y olvidar; aproximando al público a la interioridad de un género que es también ser humano—mujer, madre, hermana, revolucionaria, militante y mucho más. El género sexual que la hegemonía de la cultura patriarcal insiste en considerarlo "débil", se levanta y sobrevive en este filme a los embates de los aparatos ideológicos que lo oprimió en el pasado, se revela ante el discurso discriminatorio que lo segrega por haber formado parte de la lucha y apartarse del rol de subordinación siempre abajo del hombre. El documental, al enmarcarlo bajo la teoría del género femenino doblemente oculto, aumenta de tono al presentar, y aquí concluimos, el testimonio de la mujer que perdió a su esposo en un pacto de muerte. Se habían prometido que si las fuerzas militares los encontraban, uno de ellos asesinaría al otro y luego cometería suicidio, lo cual no ocurrió con la esposa. El marido se quitó la vida ante el temor de ser detenido pero ella no cumple y, sin dejo de arrepentimiento, más bien de amor por la vida y orgullo por su género, declara: "Tuve un descubrimiento en ese momento, que lo más hermoso del mundo es ser mujer, porque los hombres producen cosas tan terribles. Fue un descubrimiento hermoso"... emerge, pues, la intimidad de ser femenino en su lucha por conquistar una presencia más notoria dentro de la aplastante sociedad patriarcal empeñada en esconderla. La esposa no se suicida, seguir viviendo le permite descubrir el potencial de su género para mostrarlo al mundo en, por ejemplo, este documental.

OBRAS CITADAS

Lauretis de, Teresa. *Technologies of Gender*. Bloomington and Indianapolis: U Indiana P, 1987.

XICA DA SILVA

La cinematografía ha abordado la esclavitud desde diversas ópticas y una de ellas ha sido la de la épica, muy ad-hoc para este fenómeno de injusticia social. Y el continente americano es una fuente que se ramifica en diversos cauces sobre esta temática ya que prácticamente la esclavitud fundó las bases del mismo. En este horizonte es necesario resaltar el portentoso esfuerzo realizado por la industria del cine de Brasil—se realizó una inversión millonaria en dólares—con la producción de la película *Xica da Silva* (1976), basada en la novela *Chica que manda* del autor Agripa Vasconcelos, y dirigida por Carlos Diegues quien la enmarca en un ambiente cautivador por el paisaje natural, creando sensualidad y exotismo que resaltan los propósitos erotico ideológicos del filme.

El resultado es una reproducción histórica impecable, en la cual la trama, basada en hechos reales, versa sobre una mujer negra que, nacida esclava en el contexto del siglo XVIII, se enfrenta a los prejuicios y convencionalismos impuestos por los aparatos ideológicos y represores (Althusser) de la corona portuguesa en un período en que están exigiendo y obteniendo enormes ganancias de las extracciones de diamante en territorio brasileño. Y, para ello, utilizan los aparatos represores esclavizando a africanos quienes reciben un trato, literalmente, de bestias.

Este es el ambiente en el que surge Xica, cuya belleza también es un diamante que ella sabe pulir con un instrumento subyugante: su sexualidad, transgrediendo la moral cristiana y mogijata que la élite dominante, a través de aparatos ideológicos como la iglesia, intentan imponer y reproducir. Sin embargo, Xica es una transgresora no obstante cierta imagen de prostituta que un *tale* (Zavarzadeh) de esta película pudiera manejar. Porque ella construye su sexualidad para sus intereses y su conveniencia mas no se deja imponer, como las rubias amantes recatadas, por el constructo sexual que el patriarcado de la época impone. Tenemos entonces que, desde la teoría de Teresa de Lauretis, Xica no es un constructo de género sexual femenino producido por el control patriarcal, sino que es una transgresora que lo atenta: el personaje Xica inventa una nueva definición de la sexualidad en la mujer que se adelanta a los parámetros de su tiempo y espacio; su sexualidad no es definida por el poder portugués blanco, sino por sí misma, erigiéndose como una mujer excepcional, vanguardista y moderna según lo cánones actuales como lo explica Lauretis:

The conception of sexuality held by feminist's of the first wave, at the turn of the century, was no exception: whether they called for "purity" and whether they called for a free expression of the "natural" funtion and "spiritual" quality of sex on the part of woman, sex meant heterosexual intercourse and primarly penetration. It is only in contemporary feminisim that the notions of a different or autonomous sexuality of woman and of non-male-related sexual identities for woman have emerged (14).

De esta manera, Xica no simplemente desafía su posición de esclava en la sociedad, sino que cuestiona los patrones religiosos y morales impuestos por unos aparatos de represión que no permitían, entre muchas otras cosas, que las esclavos negros asistieran a las ceremonias religiosas. Pero la transgresión de esta esclava va todavía más allá: escandaliza a la moral presentando una concepción de la sexualidad en la mujer como dominante, misteriosa, poseedora de un poder capaz de subyugar a los hombres dominadores cumpliendo todos sus deseos carnales, a partir de lo cual los manipula. Xica, así, la negra de excepción, enfrenta a los blancos en un momento histórico en que es prohibido para las mujeres gozar del acto sexual porque de lo contrario, es decir, si lo disfrutan, son acusadas de posesión demoníaca y corren el riesgo de ser quemadas en una plaza pública.

Así, logra introducirse a la restringida y poderosa élite de colonos, en donde después se convertiría en una luchadora por la justicia y la libertad de su pueblo; logra imponerse a una sociedad blanca y racista que la trata de "macaca", simple mona de jungla y, con todo y vituperios, trastorna a uno de los personajes más notables de la ciudad como es el Contratador, el representante del aparato de control por excelencia: la corona de Portugal.

En este contexto de transgresión, hasta los trajes y pelucas, que reproducen fielmente los modelos usados en el siglo XVIII, pesados y complejos artilugios de vestuario, desempeñan un papel erótico peculiar: desprender prenda tras prenda, hasta el realismo perturbador de escenas explícitas de sexo, son un condimento del realizador cinematográfico de alto contraste entre la negritud de Xica y la blancura férrea de su esposo (Víctor Wagner). La esclava sabe lo que quiere y, para conseguirlo, creando su propia concepción de la sexualidad, está dispuesta a pagar cualquier precio hasta presentarse en la oficina del alcalde del Tijuco, quitarse las ropas para atraer la atención del nuevo enviado del virrey.

Xica es, también, un personaje pícaro que sube desde la parte más baja de los estratos sociales y llega a codearse con la aristocracia a través de su astucia y la artimaña para explotar su única arma: la sexualidad manejada por sí misma, a su antojo; en ella radica su fuerza y rebeldía para enfrentar con éxito a los aparatos del poder absoluto, como el "Santo Oficio", cuyas decisiones rebasaban a las autoridades políticas y a la misma Ley Civil.

Es de destacar, en este rompimiento, que Xica no encaja dentro de los patrones de aquel feminismo que se define a sí mismo como fuerza opositora del poder patriarcal; porque ella no es parte de esa construcción social de la mujer blanca, su existencia va más allá, las fuerzas que se le oponen son múltiples y una de ellas, paradógicamente, proviene de miembros de su mismo género sexual y de su propia raza que no le admiten el derecho a la libertad. El feminismo de Xica es definido entonces por su status de colonizada, víctima de la opresión, y se redefine más puramente porque su actuar solitario no es unificado, o un simple enfrentamiento entre las posiciones de masculinidad y feminidad. El feminismo de Xica está más bien organizado por múltiples y diversos ejes y a lo largo de discursos y prácticas que se contradicen mutuamente como de alguna manera lo explica Lauretis acudiendo a Barbara Smith:

> Barbara Smith writes that 'Black male critics [...]are, of course, hampered by an inability to comprehend Black women's experience in *sexual as well as racial terms.*
> *"All the Women Are White, All the Blacks Are Men, but Some of Us Are Brave: Black Women's Studies"* (p162). [...] Black women experience racism not as "Blacks" but as Black women. The layers of oppression are not parallel but intersecting and mutually

determining. This, on the one hand, confirms that gender is a fundamental ground of subjectivity. But, on the other hand, it shows that the experience of racism changes the experience of gender, so that a white woman would be no closer than a Black man to comprehending a Black woman's experience in sexual terms, her experience of sexism, her experience of gender, and hence her subjectivity.

Imposible, pues, sustraerse a la variedad de emociones que despierta Xica, al ser cómplices-testigos de la cinta en donde una esclava negra se erige reina del Tijuco, con el ímpetu de su raza y contra los intereses personales de los más poderosos, quienes manipulan la vida y la muerte del pueblo esclavizado con una facilidad pasmosa, no digamos de los negros y pobres. Por eso *Xica da Silva* es una obra que asombra, indigna, entristece, pero también obsequia ciertas dosis de humor para gozarla. Y todo ello sin perder actualidad, porque el tema principal rebasa los esquemas del racismo, el machismo o la sexualidad, ya que el trasfondo de todo es el poder y la habilidad de una mujer para exorcizarlo, esquivarlo, utilizarlo y salirse con la suya.

OBRAS CITADAS

Lauretis de, Teresa. *Technologies of Gender.* Bloomington and Indianapolis. U Indiana P, 1987.

Zavarzadeh, Mas'ud. *Seeing Films Politically.* Albany: U of New York State P, 1991.

VI
PELÍCULAS ARGENTINAS

HISTORIA OFICIAL

Analizar si la película *Historia oficial* (1985) es contestataria no es la cuestión. Esta producción de Luis Puenzo es sin duda ejemplo del discurso cinematográfico denunciativo que incrusta elementos comerciales que aseguran mercado y desarrolla estrategias de enfoque que la alejan del dogma, el panfleto y la crítica social fácil. Entonces, la discusión se centraría en cómo su discurso maneja el elemento contestatario que la convierte en una película de reconocido nivel artístico capaz de cautivar también a un público mayoritario.

Porque en un contexto argentino previo a la caída del poder militar, el producto artístico necesariamente estaría obligado a la denuncia y la crítica social. Pero se correría el riesgo de elaborar obras demasiado explícitas o panfletarias que descuidan la calidad artística y alejan el interés general. El reto es entonces reflejar esa conflictiva realidad de manera tal que se combine armónicamente la denuncia, la estética y el carácter masivo. Luis Puenzo combina esta trilogía al desarrollar en la *Historia oficial* una novedosa estrategia de enfoque sobre la problemática social argentina pre-caída militar. Él se concentra, en contra de lo hecho anteriormente, no en reflejar el padecimiento de las mayorías que en esos momentos incrementan su protesta, ni en abordar el tema de los desaparecidos, la guerrilla clandestina o los avatares de la sobrevivencia en los cinturones de miseria. No. Puenzo cambia la perspectiva y se dirige a la cúpula del poder, necesitando por fuerza actores de renombre y consagrados con lo que asegura la taquilla, reforzando todo con una sofisticada técnica cinematográfica que eleva la calidad artística.

Luis Puenzo, entonces, evita directamente el enfoque "de los de abajo" y cambia la visión precisamente hacia el sector privilegiado responsable en gran parte de la crítica problemática social de la Argentina de los años 70's del siglo XX. En consecuencia, el reto se multiplica porque va a elaborar un filme contestatario "desde arriba". Desde el título, *Historia oficial* propone que se intentará descontruir o desmitificar la versión impuesta del poder sobre los acontecimientos de la época y tratará de plantear nuevas versiones alternativas extraoficiales.

Este enfoque, contra lo que pudiera parecer, no demerita la denuncia sino que la cualifica porque resulta más aportativa, analítica, expresiva y reveladora al desnudar la conflictiva ideológica, existencial y económica de la cúpula envuelta ya en sus propias contradicciones. La innovación, entonces, va a presentar cuadros contestatarios sobre los delicados, ocultos, y nunca antes revelados—aunque sospechados—movimientos, estratagemas, transacciones implementados por la élite para preservar desesperada e inhumanamente el poder total. Mostrará igualmente la concepción que los privilegiados tienen sobre sí mismos, sobre las mayorías que dominan además de incluir acercamientos y descensos respecto a la situación de "los de abajo". El resultado es sorprendente y revelador porque muestra un panorama más completo e integral sobre una realidad social en crisis general.

Así, a través de Roberto se presenta la relación simbiótica de la burguesía argentina y el poder militar. Los métodos de extorsión que el capitalista local aplica para enriquecerse y exhibiendo su carácter entreguista hacia el imperialismo internacional. Alicia sin proponérselo va a desnudar la degeneración de una iglesia católica del lado de los militares que justifica los desaparecidos como designios divinos; va a padecer, desarmada intelectualmente, los embates de las versiones alternativas de la historia reciente y, significativamente, va a ser el clásico paradigma—"no hay nada más espectacular que una burguesa con culpa"—de la evolución ideológica que, ante el peso de los hechos y el reconocimiento de los más elementales valores y sentimientos humanos, pierde para siempre la ingenuidad apática y asume en la praxis la responsabilidad y compromiso que el momento histórico exige.

LA SAGRADA FAMILIA

Dentro de las múltiples posibilidades que potencialmente ofrece el cine para elaborar imágenes contestatarias, *La sagrada familia* (1988), del director argentino Pablo César, se inclina por la parodia y simbolismo satírico de la realidad argentina puesta en pequeña escala.

Todos los mecanismos de reproducción del sistema capitalista en Argentina, son representados por elementos visuales, cuidadosamente seleccionados y al detalle, que colocados en peque o aumentan su carga simbólica contestataria. Esta perspectiva renovadora en el arte de la denuncia social, es reforzada con el manejo de escenas y diólogos satíricos que operan como factor de atracción, pública y comercial, por el humor negro que producen.

En este mundo simbólico en menor escala no hay nada ingenuo o inocente manejado al descuido. Ofrece constantemente imágenes contestatarias que desfilan dentro de todo un sistema familiar simbólico caracterizado por su falocentrismo patriarcal, la dependencia del exterior para sobrevivir, el cinismo de una moral judeo-cristiana que justifica la injusticia, elementos que puestos en movimiento hacen la parodia fiel del estado militar argentino.

Así, el despotismo mesiánico autoadjudicado por los generales de la realidad, encuentra su reflejo satírico en pequeño con el jefe del clan familiar. Este va a encarnar el poder absoluto, guía espiritual cristiano y gobernante paternalista, para manipular, chantajear y aprovecharse de los invasores que caen por accidente en los jardines de una aristrocrática mansión. La acumulación de poder llega al clímax cuando el autonombrado patriarca impone su semejanza con la divinidad cristiana, exageración satírico-burlesca—donde radica parte del humor negro—de las pretenciones reales de los militares de carne y hueso.

Este sistema familiar simbólico contiene entonces otros elementos intensamente reforzadores de la denuncia social: la prensa al servicio del poder es parodiada por la reportera. El imperialismo norteamericano por el inversionista en tv adornada con la bandera de las barras y estrellas. La tortura sistemática y experimentación científica con humanos se evidencia impecablemente durante los chequeos médicos a los invasores. Los grupos de choque y represión, los mercenarios, quedan al desnudo por el par de guardias fuertemente armados y el control y vigilancia social de la vida cotidiana se revela a través de los circuitos cerrados de televisión que observan a los invasores.

Pablo César, pues, utiliza el recurso de la simbolización con dosis satíricas y de humor negro en su intento de transmitir la crítica social de manera renovada. Acude quizá a esta táctica artística porque a finales de los años 80s se han desgastado ya las imágenes objetivas de la monstruosidad del estado terrorista argentino, se han superado ya las obras panfletarias, las combinaciones estéticas-referenciales dramáticas, las perspectivas convencionales del pueblo y la disidencia. César trasciende todos estos antecedentes con la creación de un simbolismo familiar, parodia en pequeña escala de la sociedad argentina de los militares, resultando una novedosa denuncia social asimilable y atractiva por su sátira y humor negro.

MISS MARY

En la película *Miss Mary* (1986) de la directora María Luisa Bemberg, la ciudad no está materialmente presente, pero la cultura urbana de Londres se encuentra arraigada en esta estancia de acaudalados argentinos cuyo único anhelo es la preservación y continuidad de lo que ellos consideran civilización versus la barbarie que los rodea. En este ensayo intentamos demostrar la presencia de la antítesis: civilización y barbarie presente en el filme mencionado. El espacio histórico de *Miss Mary* pertenece a los años treintas del siglo pasado, época también conocida como "período de las vacas gordas" por la gran riqueza producida por el campo argentino. La gran producción de cuero de calidad de exportación en las últimas décadas del siglo XIX enriqueció a muchos estancieros. Más tarde Inglaterra se interesa en la importación de carne argentina y ayuda en la construcción de vias ferreas que conectaron la Pampa con el puerto de Buenos Aires. Así se facilitó la exportación de carne a Europa y a las colonias inglesas de la época. Para ello, también, Inglaterra facilita este proceso de exportación argentina con la ayuda del refrigerador y los congeladores. Las circunstancias permitierón el enriquecimiento de los dueños de grandes estancias. Muchos estancieros vivían en Buenos Aires como un mal necesario, ya que como centro administrativo y financiero de la nación, vivir en la ciudad era necesario para el proceso internacional de asuntos comerciales. El campo representa para esta familia su verdadera identidad, lugar donde se origina toda su riqueza, pero encuentran necesario llevar con ellos la cultura de la ciudad para contrarrestar la barbarie del campo. En la Pampa crean una utopía, esto es, la idea de la sociedad perfecta.

Durante el Imperio Británico, Inglaterra exportó su estructura económica e idiosincrasia política a través de militares, políticos, misioneros e institutrices como Miss Mary, cuya función de profesora privada al servicio de una familia pudiente en el extranjero tenía como propósito fundamental la expansión de la lengua inglesa a través de la enseñanza y el ejemplo. Miss Mary es el agente portador del mensaje modelo, la familia se interesa en la adquisición de esta etiqueta, forma importada de ser que se opone a lo local. Inglaterra se beneficia porque facilita empleo a quienes lo necesiten, al mismo tiempo que prolifera su cultura.

At the same time, the discourse of Empire suggests that "primitive" landscapes (deserts, jungles) are tamed; "shrew" peoples (native Americans, Africans, Arabs) are domesticated; and the desert is made to bloom, all thanks to the infusion of western dynamism and enlightenment. (Stan 670)

Inglaterra representa la fineza, el buen vivir y la clase social deseada por estos argentinos que buscan una distinción que los separe de lo local interpretado como barbarie, menos civilizado. Miss Mary llega como representante de la civilización, en ella recae la responsabilidad de educar a los tres hijos de la familia, incluyendo la educación sexual. La enseñanza del inglés tiene prioridad, ya que le da identidad a este grupo de oligarcas que busca en el inglés un sello de prestigio. Irónicamente Miss Mary es muy importante para ellos, pero recibe malos tratos, ya que sólo fue recibida por el administrador de la estancia, las niñas le regalan un frasco de perfume lleno de orines, el padre la cuestiona despóticamente y la madre termina por correrla cuando se entera que su hijo tiene relaciones sexuales con ella. Entendemos que triunfa la barbarie ante la civilización que representa Miss Mary, porque todo lo que le sucede es injusto.

Esta familia de ricos estancieros refleja un fabuloso estilo de vida, en una estancia llena de lujos y valiosas antigüedades. Esta es la oligarquía que el presidente Juan Domingo Perón trata de combatir a partir de 1945. El nuevo presidente impone el aguinaldo o pago por un mes treceavo de trabajo.

Concluimos reafirmando que Miss Mary es la portadora de la ideología británica. Su misión meseánica consiste en el cumplimiento de una tarea colonizadora del Imperio Británico y su trabajo es educar a los vasallos. Mary, como la mensajera de cultura y buenas maneras, fracasa ante la tentación al pecado que le ofrece el hijo del estanciero. Su misión queda inconclusa porque es vencida por la barbarie del campo. La temática de la institutriz inglesa se ha representado en el gran clásico norteamericano *The King and I*, película filmada con el finado cineasta Yul Bryner quien también hizo cientos de representaciones de la obra en teatros famosos alrededor del mundo. La nueva versión de 1999 se titula I *and the King*, donde "I" o sea la institutriz es más importante que el *"King"*. La temática de las institutrices son una constante en la obra de Fyodor Dostoiesky, donde habla de las familias francoparlantes en Rusia. La temática de la lucha entre civilización y barbarie también se encuentra en *Doña Barbara* de Rómulo Gallegos, y en *Civilización y barbarie* de Augusto Domingo Sarmiento.

En *Miss Mary* se encuentra un transfondo político porque Perón, en su posición de defensa del proletariado, representa la barbarie, la cual triunfa sobre los ricos civilizados. Una de esas familias ricas, de habla inglesa afectadas por las reformas de Perón fue la de Jorge Luis Borges, quien es destituido de su cargo como bibliotecario. Borges era angloparlante, su padre escribía en inglés y su madre tradujo a Oscar Wilde. Los problemas internos de la familia en *Miss Mary*, la destitución de la institutriz y su antagonismo ante el gobierno de Perón, representa el inicio de la destrucción de este mundo de ricos hacendados.

OBRAS CITADAS

Stam, Robert. *Permutations of Difference.* United States: New York Times, 1991.

DE ESO NO SE HABLA

La directora argentina María Luisa Bemberg en su película *De eso no se habla* (1993) revela un espacio ausente que expone el papel amenazador de una *otredad* que subvierte el orden de la sociedad dominante: la trama arranca en un pueblo de provincia de la Argentina del primer cuarto de siglo. La elegante dama, Doña Leonor vda. De Arizmendi, efectúa una serie de actos que, para un poblado de provincia, resultan extraños y criticables: destruye las estatuillas de los siete enanos que adornan el jardín de entrada de la casa de uno de sus vecinos, enterrándolos luego; quema todos los libros infantiles en donde exista referencias a enanos y su género. Es entonces que se comprende el origen de la extravagante conducta: la hija única de Doña Leonor es una enana; esta naturaleza anatómica va en detrimento de su posición social y su alusión directa queda completamente vedada de toda conversación en el pueblo. De ahí el título de este filme que da a conocer mundos prohibidos, vedados, escondidos.

Porque si se toma en cuenta los estudios de Sigmund Freud para el término alemán de lo siniestro, *das Unheimlich,* su significado comienza a explicar el poder perturbador de la *otredad. Das Unheimlich* es lo que se esconde de los otros: todo lo que está oculto guardado en secreto, a oscuras. La película de Bemberg funciona entonces negando esta significación para descubrir, revelar y exhibir zonas que habitualmente se mantienen fuera de la mirada.

En *De eso no se habla,* Bemberg resalta cómo la *otredad* produce una transgresión social. Al descubrir los tabúes culturales, la película nos revela una discriminación instaurada por todos los componentes del medio social. Esta discriminación tiene por objetivo fundamental el no exhibir eso que debería estar en la sombra. Mediante la existencia del tabú de "la enana," este filme denuncia el aparato represivo que la sociedad, en esta caso argentina, construye para marginar, hacer invisible, dejar de lado al *otro* por el bien de la continuidad cultural y de los aparatos ideológicos dominantes.

Esta discriminación se realiza de distintas maneras. Por ejemplo: a Charlotte, "la enana", se le discrimina de su participación en los actos públicos por temor "al qué dirán" de los otros pueblos. Y cuando la sociedad no quiere enfrentarse con la existencia de Charlotte, la denomina "Carlotita". Esta sociedad que se presenta en *De eso no se habla* expresa el peligro que la existencia del tabú provoca, convirtiéndose éste en una constante amenaza.

Pero Bemberg manifiesta en su película su deseo de romper con el tabú a través del casamiento de Charlotte con el extranjero Ludovico (interpretado por Marcelo Mastronianni en una de sus últimas actuaciones); este matrimonio es como una forma de desafío contra la ley de la sociedad.

Este hecho, así, proporciona una transgresión que legitimiza la incorporación de la *otredad* en el orden social dominante, dada la aceptación previa que tiene Ludovico en la élite de la comunidad. La directora, va más allá de los límites permisibles en este contorno social amenazando, con la posible reproducción de Charlotte, la continuidad de la existencia del tabú el cual ante los ojos de esta sociedad no debería existir.

Sin embargo, Bemberg también conoce el poder de la estructura social con que se enfrenta. La directora sabe que la *otredad* subvierte y no puede nunca permanecer como parte integrada en la sociedad, sino que siempre termina siendo condenada. Junto a la fatalidad, los protagonistas principales que se atrevieron a incorporar el tabú como parte existente, Bemberg corrobora la imposibilidad de realizar una aceptación de la *otredad.*

Al finalizar la película, la madre Leonor termina encerrada en su propia casa. Charlotte deja el pueblo San José de Altares y se exilia junto con el circo. De Ludovico no se sabe si está muerto o desaparecido.

La directora argentina trae en su película un mensaje que reivindica el "proceso de reorganización nacional argentino" en donde, de la subversión de este país, o sea la *otredad*, luego de hacerse visible en "la guerra sucia," produjo, como en los protagonistas de *De eso no se habla,* un destino de encierro, exilio, muertos y desaparecidos. Además, si se toma en cuenta que para contrarrestar la deformidad de su hija, Doña Leonor decide hacer de ella un ser culto y refinado, dándole una esmerada educación, este filme se abre en todas sus posibilidades: la observación anatómica de la sociedad provinciana, cuyo significado posterior sería el origen de la sociedad argentina de la actualidad. Un vínculo posible: el pasado argentino es una enana secreta, refinada y elegante, cuya deformidad hay que mantener en silencio. Y de eso no se habla. Todo ello narrado por una mano segura, irónica y elegante, como podría ser la de Bemberg.

EVA PERÓN

*E*va *Perón* (1996) del director Juan Caros Desanzo es una película altamente emotiva porque expone tres aspectos importantes del personaje histórico, Eva Perón, que gusta mucho en el cine dramático: el auge, la gloria y el decaimiento. La analépsis cinematográfica nos lleva al pasado lejano de Eva, lleno de dolor humano por la muerte de su padre, el rechazo social por ser hija ilegítima y la pobreza que situó a la protagonista en una situación de desventaja para llegar a ser más tarde residente de La Casa Rosada y esposa de Juan Perón, presidente de Argentina. Los orígenes de Eva se encuentran en la clase proletaria, pero el poder político adquirido la convierte en una de las mujeres más poderosas de la tierra, tal vez, sólo superada por Eleonore Roosevelt, en Estados Unidos.

La disposición de bienes en manos de Eva se convierten en beneficios sociales que favorecen al proletariado argentino. La estrella adquiere rápidamente una figura carismática sin comparación alguna. El pueblo construye la idea de una diosa humana. Eva es como una figura política perfecta de heroína porque se acerca a la perfección con su actitud dadivosa y sincera. La tecnología del espacio urbano como el radio, la imprenta y los altavoces son herramientas vitales en el auge de Eva, porque pueblo y líder se acercan y se ayudan mutuamente.

Pero también sabemos que en el espacio urbano no todas las clases sociales apoyan a Eva. La clase media y media baja lucha con la estrella, contra la tradición de la oligarquía representada por los viejos ricos de la ciudad cuya meta es perpetuar sus bienes y no permitir la política dirigente de una mujer.

La narrativa cinematográfica refleja la lucha de la ciudad por el poder; una lucha de clases entre los oligarcas tradicionales y el obrero argentino. El dramatismo de la película se intensifica por la amenaza del cáncer que padece la protagonista, que eventualmente le quita la vida.

La ciudad de Buenos Aires es el espacio ambiental donde se desarrolla la historia. Es una cinta filmada desde el punto de vista de Juan y Eva, como los dirigentes políticos de una poderosa nación.

Casi todo sucede desde La Casa Rosada, símbolo del alma política del país. Entre Juan y Eva, sin duda es Eva, la directora intelectual del destino del gobierno de su esposo Juan. Toma Buenos Aires con carteles que leen "La fórmula de la patria". La propaganda incluye la foto de la pareja.

Juan es constantemente aconsejado por la heroína, la cual tiene una distinguida fidelidad para el peronismo y los marginados, un alto grado de inmaculada dedicación política, social y familiar. La actriz, de carácter energético y decisiones firmes, se hace pronto necesaria en la vida del candidato presidencial quien exclama: "Si ella es el diablo, yo soy Dios".

Eva es la mujer sin miedo que lucha tenazmente en estrategias para ganar la campaña política de 1952, y hace respetar la condición que la sociedad le ha otorgado. "No quiero que ningún hijo de puta me vuelva a preguntar ¿con qué derecho haces esto?" Su lucha política fue personal, pero en beneficio de los necesitados. "El pueblo no los necesita más a ustedes, ahora me tienen a mí".

Eva es el personaje apegado a la vida y lo reta todo, inclusive cuestiona a Dios de su tragedia porque en el fondo siente que su misión sobre la tierra no ha terminado, sino que ha sido interrumpida.

-Padre dígame la verdad. Contésteme ¿Dios ama a los pobres?
-Los ama inmensamente.
-Entonces, ¿por qué quiere mi muerte? Si Dios ama a los pobres, ¿por qué me aparta del camino? Me estoy muriendo y no hace nada para impedirlo.
-No siempre puede impedir el mal.

El amor del pueblo hacia Eva, lo acerca a la divinidad y la plegaria. Entendemos que el pueblo vuelve a ser cristiano por el sufrimiento de su mártir. Esther Goris protagoniza al personaje histórico de Eva Perón, como una de las mujeres más poderosas del mundo a mediados del siglo pasado. La popularidad de Eva, como personaje político, conlleva a músicos y directores de cine a producir una industria cultural de buen gusto artístico y acercamiento histórico, pero explotando la vida de Eva.

La película termina en un final abierto respecto al futuro de los pobres que la heroína tanto defendió porque no se dice si el nivel económico de los trabajadores continuó o cesó, pero Eva es la película de muchas conquistas sociales. Se basa en un fuerte nacionalismo argentino manifestado en Buenos Aires y encabezado por Eva, quien lucha por los descamisados hasta el día de su muerte. Su vida nos fascina por su personalidad de desiciones firmes e historia de matiz novelesco, por su desenvolvimiento romántico ya que tenemos la presencia del nacionalismo, la pasión política desbordante y la muerte que interrumpe la continuidad de la lucha por el pueblo y el amor entre, Juan y Eva.

OBRAS CITADAS

Desanzo, Juan Carlos. *Eva Perón*. Argentina: Estudios cinematográficos, 1996.

GERÓNIMA

Gerónima (1986), ópera prima del director argentino Raúl Tosso, narra la historia de una mujer mapuche que realmente existió, Gerónima Sande, quien vive con su esposo y sus hijos en un inhóspito y desierto pueblo de la Patagonia. Uno de los valores principales de la cinta es la documentación de la cultura y las formas de vida de los indígenas del sur argentino y de cómo en la actualidad siguen operando los aparatos ideológicos y represores para asimilar a la cultura dominante al marginado, en este caso representado por una mujer indígena.

Esta película, en la que se mezclan elementos documentales y estéticos y donde las fronteras entre el testimonio y la representación se confunden, retoma la paradoja ancestral civilización-barbarie, en una narración en donde se escenifican el destino y espíritu de supervivencia de los indígenas frente a los blancos, el universo indio frente al mundo de la modernidad. En ella se ilustran el atropello y la ignorancia de los representantes de los aparatos de Estado (Althusser) que no comprenden, y a veces ni quieren comprender, formas de vida distintas, aun cuando éstas sobrevivan a unos cuantos kilómetros de distancia.

Así, Gerónima, caracterizada por Luisa Calcumil, popular actriz indígena argentina, se enfrenta a la incomprensión de la cultura dominante y a la propia pérdida de identidad. La historia incorpora reportajes verídicos sobre el juicio que una junta consultiva de médicos, es decir, un aparato ideológico de la ciencia oficial, efectúa a esa mujer, que en la realidad vivió en el pueblo General Roca, epicentro de la llamada "campaña del desierto" que en tiempos del presidente Julio A. Roca (1880-1886) fijaría límites inviolables y sumiría a los pueblos indígenas en la indiferencia y la pobreza.

El marido de Gerónima muere y ella es recluida en la cárcel, uno más de los aparatos represores cuya función es lograr la domesticación mediante la violencia física al fallar los aparatos ideológicos (Althusser). De esta manera, el tema y la técnica de la cinta se juntan para mostrar cómo opera el aparato carcelario unido a la ideología del poder: Gerónima está presa, el auto de la policía se estaciona afuera de la cárcel, aparece una imagen del aparato al cual debe ceñirse—una imagen cristiana—sigue una cruz, más adelante una toma de la "conjunta del Desierto" del Museo Histórico Nacional de Buenos Aires, después una ventana cruzada con rejas. Luego se ve a Gerónima por el ojo de la cerradura, ésta se cierra, se abre la puerta y se ve a la indígena adentro. Está atrapada, los aparatos la han "acorralado" y es segura la domesticación o su desaparición, ambos desenlaces que convienen a la dominancia para desactivar lo diferente, la amenaza o presencia del *otro*.

Porque al emplear imágenes de la cristiandad y de los aparatos represores de "la civilización", se subraya el tema general de la sujeción de los indígenas al discurso y sociedad dominantes. La perspectiva de la cámara refuerza el significado de estas imágenes con la vista de Gerónima a través del ojo de la cerradura, es decir, no por los ojos de Gerónima, sino por los ojos de los aparatos de Estado que la ven, que la miran con vigilancia, que la observan y la miden. Sin embargo, la mirada más obvia a la que está sometida es la de la cámara. La manera en que la cámara funciona en *Gerónima* llama la atención a su propia existencia, resonando la serie de miradas de vigilancia que estructuran la narrativa en un estilo que se relaciona con el documental. Aunque parece que ella está mirando a la cámara, si examinamos esas escenas, vemos que no responde a la mirada del espectador. La trayectoria de la cámara destaca la noción de que ella no nos mira, sino que es un simple objeto observado, la cosificación que hace del objeto de estudio quien sustenta el poder de la ciencia y el conocimiento occidentales, el clásico científico social con su pretendida objetividad generalizadora y supuesta universalidad (Rosaldo 12).

Entonces, a través de la mirada de un funcionario, Gerónima y su familia han sido descubiertas y llegan a una clínica. En la clínica es sometida a una serie de exámenes, los que la definen como "psicótica." Es víctima de otro aparato ideológico, de una institución que, mediante lo que Michael Foucault describiría como "normalizing judgements" (177), la sitúa como un sujeto dentro de una jerarquía de poder, y la construye como un *otro* al nombrarla "psicótica". Gerónima entonces existe como *otro* dentro del mundo de la película, no sólo por su raza y su estado de psicosis, sino por su género sexual. Con excepción de algunas enfermeras, Gerónima vive en un mundo dominado por los hombres. Por eso podríamos entender la mirada como una vista determinada también en términos de sexo. Son ellos quienes le pegan, quienes la graban, quienes discuten y deciden su destino, quienes la miran y filman; son ellos, pues, quienes representan el sistema patriarcal haciendo esfuerzos por inculcarle su rol, aplicarle el constructo femenino que ya han creado en la sociedad dominante.

La transculturación está muy bien elaborada en la cinta, pero es una a la que el hombre moderno está acostumbrado y es ajena al nativo de la Patagonia. Estos seres que viven fuera del mundo occidental están determinados por otras nociones del ser. Para ellos el tiempo de vida es distinto. La vida cotidiana, por lo mismo, es continuidad. La transculturación a la que es sometida Gerónima le exige un cambio radical en su mundo, y ese encuentro con la modernidad, con el mundo de la comodidad y la pérdida, es una negación de su propio ser, tan drástica que Gerónima y sus hijos no tienen defensas para sobrevivir. La película, finalmente, revela la incapacidad del mundo occidental moderno para asumir la *otredad* y aceptar que las condiciones de vida de la mujer protagonista no pueden ser vistas desde sus nociones del *deber ser*. Enfrentar el abismo de la modernidad es un acto que los seres occidentales han logrado en un proceso de siglos, y es por eso mismo que ha sido tolerable. Pero el hecho de poner a Gerónima dentro de ese universo ajeno, de una forma tan abrupta, deriva en la locura o en la muerte. Así, el personaje es destruido por el desarraigo cultural.

OBRAS CITADAS

Foucault, Michel. *Discipline and Punish, The Birth of the Prison*. New York: Vintage, Books, 1979, 177),

Rosaldo, Renato. *Culture and Truth: the Remaking of Social Analysis*. Boston: Beacon P, 1989.

GARAGE OLIMPO

Garage Olimpo (1999) del director Marco Bechis es una producción cinematográfica acerca de la captura, tortura, violación y muerte de María, durante los años de la guerra sucia en la ciudad de Buenos Aires. Con este ensayo intentamos hacer incapie en el tremendismo político manifestado a través de "aparatos ideológicos represivos" en contra de la población de la ciudad. De 1976 a 1982, gobierna en Argentina el militarismo, y al encontrar sus intereses amenazados por la guerrilla urbana deciden organizar y hacer uso de la fuerza para eliminar la amenaza de un posible sublevamiento en Buenos Aires. La superestructura política en la capital, compuesta por el estado y la ideología representada por los políticos, ya no dependen totalmente de la infraestructura social compuesta por el proletariado y las fuerzas productivas. El gobierno en turno toma en *Garage Olimpo*, una actitud ofensiva contra la población.

El estado es una máquina de represión que permite a las clases dominantes asegurar su dominación sobre la clase obrera para someterla al proceso de extorción de la plusvalía (es decir a la explotación capitalista). (Althusser 20)

La policía-los tribunales-y las prisiones, sino también el ejército, que interviene directamente como fuerza represiva de apoyo (el proletariado ha pagado con su sangre esta experiencia). (Althusser 20)

Los estimados 30,000 argentinos desaparecidos durante los años de la dictadura fueron víctimas de un sistema de tortura organizada en lugares como el Garage Olimpo. En este filme, el "Tigre" es el mandamás dentro de esta jerarquía de disciplinados asesinos. Los torturadores en *Garage Olimpo* son de una gran convicción violenta, insencibles ante el dolor humano, son productos monstruosos del militarismo argentino de la época.

"El aparato de Estado, que define a este como la fuerza de ejecución y de intervención represiva al servicio de las clases dominantes". (Althusser 21)

María es el personaje guía del filme porque nos lleva a presenciar la naturaleza injusta, denigrante y violenta de su arresto inesperado, su violación, tortura física y psíquica dentro del llamado "centro de procesamiento" por los torturadores del garage. Finalmente llega su eliminación inecesaria; claro, decimos esto desde nuestra perspectiva democrática, como ciudadanos de un país libre. La organización sofisticada de violencia se interrumpe con frecuencia en *Garage Olimpo*, para mostrarle al espectador bellas escenas de la ciudad donde aparecen luces, el ovelisco, calles transitadas y la Avenida 9 de julio; todo con una aparente tranquilidad ajena a la realidad de los muchos posibles garages olimpos. Esto nos conlleva a interpretar esta producción como un filme que da espacio a la imaginación; ya que la violencia no está expuesta en público, pero existe y esto lo sentimos como una identidad verdaderamente peligrosa. La tortura física tampoco es visible, pero se percatan las consecuencias de la misma a través de marcas corporales y gesticulaciones de miedo.

Para nosotros, *Garage Olimpo* es una película de terror por el intenso tremendismo que termina con la vida de María, en un mundo sin escape. Félix funciona como un Dios humano para María, sólo él estaba en condiciones de salvarla, pero no tuvo el valor de hacerlo. La relación de abuso y violencia que Félix inflige en María es enfermiza, ya que ella parece amarlo, pero trata de escapar de él al mismo tiempo. Parece que a nivel psicológico, María depende de Félix, pero también parece que el miedo hace de ella una persona ambivalente. Hay una diferencia fundamental entre los AIE y el aparato (represivo) de Estado:

> El aparato represivo de Estado "funciona mediante la violencia", en tanto que los AIE funcionan mediante la ideología. (Althusser 30)

La cita arriba mencionada nos conlleva a concluir que el gobierno de la ciudad en el filme pierde su capacidad de control social; y ante la inminente amenaza decide la implantación de un estado de terror, como medida trágica para interrumpir el proceso de sublevación popular. En esta película, los torturadores se autoanimalizan llamándose ellos mismos "Tigre", "Oso" o denigran su humanidad a una clave de esencia matemática usando términos como: "agente A2x10". La eliminación de la identidad incrementa el terror de este inframundo donde nadie aparece como responsable de los genocidios.

Diana, la mamá de la protagonista es el único asesinato que se ve; muere en manos de la policía por su afán de encontrar a la hija secuestrada. El sistema elimina toda posibilidad de rastros que los pudieran delatar. Los asesinatos de madre e hija son, además de injustos, también injustificables porque María no es una militante armada, sino ideológico. El personaje central centra su actividad política ayudando en una campaña de alfabetización y sólo sabemos de su intento fracasado de reunirse con los militantes. Su alineamiento con "los cabecitas negras" la convierte en enemigo del poder hegemónico de los militares y su muerte es injustificable para nosotros.

OBRAS CITADAS

Althusser, Louis. *Ideología y aparatos ideológicos del Estado*. México: Quinto Sol, 1994.

VII
PELÍCULAS
VENEZOLANAS

MECÁNICAS CELESTES

Mecánicas celestes (1994), cinta filmada en París por la directora Fina Torres, venezolana radicada en esa capital europea, versa sobre un tema pretendidamente universal: el tratar de hacer realidad un sueño a pesar de los obstáculos que se interpongan. Ana (la española Ariadna Gil, *Belle Epoque*) es una joven venezolana que trata de labrarse un futuro como cantante. Al decidirse a luchar por su ideal, deja a su novio plantado en el altar y sin despojarse de su vestido de novia emprende un acelerado viaje a París, con el fin de convertirse en una estrella de la ópera. Ahí, el director Italo Medici se encuentra filmando la ópera *Cenicienta*, de la que Ana pretende ser la figura estelar.

Si el sistema de géneros sexuales se encuentra íntimamente interconectado con factores económicos y políticos en toda sociedad, la construcción de un ser femenino en la sociedad latinoamericana, en este caso venezolana, es un hecho con caracaterísticas que obligan a la mujer a desarrollar ciertos patrones como lo es el de cumplir con el matrimonio por sobre sus planes individuales de realización personal, tal y como lo asiena De Lauretis:

> The cultural conceptions of male and female as two complementary yet mutually exclusive catergories into which all human beings are placed constitute within each culture a gender system, a symbolic system or system of meanings, that correlates sex to cultural contents according to social values and hierarchies. (5)

De esta manera, por una parte, la rebeldía de Ana al no matrimoniarse con su prometido venezolano es de admirarse desde cualquier postura feminista o liberadora porque ella se escapa al constructo de género sexual al que estaba destinada en su territorio. No se restringe al sistema patriarcal ni al rol que éste le asigna de mujer abnegada, esposa y madre de familia sin muchas aspiraciones personales. Sin embargo, desde el punto de vista de cinema crítico, Ana sale de un sistema de control para entrar a otro.

Ya Zavarzadeh, en uno de sus puntos centrales, consideraba que existe un modelo estético-ideológico dominante, subyugado al orden social, que influye en el espectador la forma tanto de observar como de interpretar películas. Es decir, el medio social impone determinada manera de valorar el contenido estético del filme a fin de impedir, o provocar, que se interrogue ideológicamente el contenido de las producciones. A esta consideración propone que los filmes no sólo han de observarse como hechos estéticos aislados, formales, sino además como portadores de cultura y de información política susceptibles de formar subjetividades sociales en el espectador (6).

En este sentido, *Mecánicas celestes* en su conjunto se subordina al modelo de la metrópoli europea por sobre el regionalismo folklórico latinoamericano periférico. La protagonista se libera del patriarcado venezolano pero va, colonizada, ahora a sujetarse y a subyugarse a los dictados de la estética y la ideología europea dominantes. Busca la realización en una cultura y en una sociedad dominadora como legitimización del éxito, es un ser colonizado que busca su realización en un centro de poder del exterior.

Cuando Ana abandona a su prometido, lo hace también de su cultura venezolana y latinoamericana para sumergirse en el abigarrado mundo parisino de la farándula, en el que es importunada por una versión moderna de la reina malvada (el correspondiente a la madrastra y hermanastras de la historia clásica de *La Cenicienta*). Su rival, la intrigosa y también colonizada Celeste (Arielle Dombasie, *Pauline en la Playa*), artista del video que busca su consagración europea, pretende desempeñar el mismo papel al que Ana aspira; Celeste trata insistentemente de frustrar los planes de la venezolana, pero alrededor de ésta hay un grupo de personas que la respaldan: su maestro ruso de canto, una excéntrica psicoanalista lesbiana, un astrólogo y un practicante de brujería. Es decir, de cierta forma Ana, astuta, busca cómplices que ya sea han triunfado, son nativos o se han asimilado a la metropóli porque tienen, siguiendo a Zavarzadeh, alguna forma de poder cuyo máximo exponente sería Médici porque asume el rol del príncipe dominador y de representante del poder estético ideológico metropolitano.

Una cadena de ardides y maquinaciones provocadas por Celeste, impiden que aquél no logre encontrar a su Cenicienta, sino hasta el final de la película, cuando la cantante, para evitar ser deportada a su país ya que se ha excedido del límite de tiempo impuesto por las autoridades para permanecer en París, acaba de contraer matrimonio con su amigo el astrólogo, quien se ha ofrecido a ayudarla con ese casamiento cuyo fin es legalizar la estancia de Ana, sin lo cual no podría continuar en la búsqueda de su sueño.

En este sentido, a pesar de que el filme en su lado feminista intenta transmitir un *tale* sobre el poder de decisión y de lucha de una mujer que rompe con los esquemas del rol tradicional que le es impuesto acude, para poder triunfar en Europa, a la institución del matrimonio que había rechazado en Venezuela.

Es decir, elimina el constructo de género sexual nativo pero acepta, colonizada, el constructo del europeo dominador porque le conviene a su propósito. Si la recuperación de su identidad iniciaba con la intempestiva huida de su propia boda, acto cuyas implicaciones se oponen a sus verdaderos ideales, liberándose del machismo venezolano, es paradójico para Ana tener que aceptar que es precisamente ese ritual matrimonial la condición indispensable para continuar con su aventura y con sus sueños. La interpretación a partir de Zavarzadeh indicaría que Ana no quiere sujetarse al control nativo pero sí al europeo en su afán de triunfo confirmando así su ente colonizado.

Ana entonces confronta un mundo lleno de adversidades: otra cultura, otras costumbres, otros valores, otros parámetros, retos y situaciones inimaginables e inesperadas, pero su esfuerzo se ve compensado al final, es decir, permite ser asimilada en forma definitiva por la dominante cultura eurocéntrica y desaparece su identidad venezolana periférica.

La película, entonces, podría ser una propaganda del proyecto estético ideológico europeo como forma de simbolizar al artista triunfador que requiere el reconocimiento de las metrópolis para sentirse como tal—muy al estilo del porfirismo mexicano o de aquellos ecritores—Vargas Llosa, Julio Cortázar, Carlos Fuentes que requieren el "bautizo" parisino. En este sentido, es sintomático que la película nunca haga flash backs hacia el novio plantado, a los parientes o vida venezolanos dejados atrás por Ana; también llama la atención de que ella quiera triunfar con el género de la ópera italiana, tan alejada de la cultura venezolana, en lugar de hacerlo, por ejemplo, con un son de cumbia, de la jarana o ritmos afrocaribeños venezolanos.

Sin embargo, la cinta combina el humor, la fantasía y el drama, y desarrolla varias líneas temáticas, aunque algunas son tratadas sólo tangencialmente: la confrontación de culturas y con ello de diferentes visiones del mundo, bien representadas por cada uno de los personajes, latina, afrocaribeña, italiana, francesa, con lo que se logran conjugar en el ambiente el candente sabor sudamericano y la sofisticación europea; el mundo de la ópera, plagado de pasiones y personalidades excéntricas; la vida de los inmigrantes en un París que les representa la realización de esperanzas y proyectos de vida; los tortuosos roles que se ven obligados a asumir los homosexuales y las lesbianas en un mundo eurocentrista tal vez no lo suficientemente tolerante a la diferencia del migrante "sudaca", como despectivamente les llaman en España. La intención pro eurocéntrica de este filme se confirma porque la historia es contada en español, francés e inglés, y es una coproducción francesa, venezolana, española y belga.

Desde un punto de vista de cinema crítico, la película deja la sensación de que la única opción para triunfar actualmente en el cine a nivel global, es unirse a los que tienen el poder estético, ideológico y económico. Porque este filme, con esta fórmula "entreguista" de rechazar lo autóctono periférico y optar por la dominancia global, conocido en Francia como *Mecániques Celestes*, y en Estados Unidos como *Celestial Clockwork*, participó en la sección "Cine Mundial" del Festival de Sundance (1995). Como resultado de la exitosa presentación, la compañía October Films, la más importante distribuidora de cine independiente de Estados Unidos, adquirió los derechos de su exhibición en ese país y Canadá, constituyéndose en la primera compra de una película venezolana por una firma norteamericana. Esta distribuidora, también colocó a *Mecánicas Celestes* en los mercados asiáticos. Además, Walt Disney Productions compró los derechos de la historia para producir un "remake" adaptado al "gusto" estadounidense. A pesar de que, como vimos, recrea la historia de La Cenicienta, no tiene nada de inocente: es la liberación de la mujer latinoamericana del férreo machismo regional pero no para su liberación total, sino para caer en las garras del otro: el de las metrópolis, en este caso, la europea.

OBRAS CITADAS

Lauretis de, Teresa. *Technologies of Gender.* Bloomington and Indianapolis. U Indiana P, 1987.

Zavarzadeh, Mas'ud. *Seeing Films Politically.* Albany: U of New York State P, 1991.

VIII
PELÍCULAS PUERTORRIQUEÑAS

LA GRAN FIESTA

La correlación de fuerzas políticas, económicas y culturales del Puerto Rico de los años de la segunda guerra mundial, se conjugan en la película *La gran fiesta* (1986), dirigida por Marcos Zurinaga, para influir en la vida íntima de los personajes al grado que pueden transformar para siempre su destino. En este filme, las fuerzas del poder se conjugan en extremo cuando exigen la definición ideológica de unos personajes que se erigen y muestran una constelación de simbolismos sedientos de ser interpretados.

La amenaza del nazismo en Puerto Rico, representado con cruces gamadas, colores rojo y negro, retratos de Hitler y su mostacho en close-up, sus tentáculos en España con un dictador Franco que extiende simpatías en la isla, son los poderes que se van a utilizar como pretexto para tratar de eliminar a Manolo, el personaje empresario e influyente. Todo es en favor de la consolidación definitiva del dominio norteamericano que en ese momento histórico demanda localidades propias a fin de consolidar en Puerto Rico, para uso exclusivo, espacios para el negocio y el entretenimiento, como lo simboliza el filme en la escena del traspaso del casino a una sociedad local fastuosa y ya americanizada. Es la secuela intervencionista después de la posesión de la isla en 1898 que marca para siempre la debacle del imperio español.

En *La gran fiesta*, gratamente, aparecen además las débiles fuerzas nacionalistas o independentistas puertorriqueñas que intervienen para ofrecer una visión completa e integral de la realidad social de los años 40; la película entonces adquiere un tinte de corte contestatario y denunciativo sobre todo cuando un poeta, caracterizado por el popular actor de origen borícua, Raúl Julia, revela durante las convivencias sociales una versión más completa y comprometida de la coyuntura y la historia de dependencia de Puerto Rico. Igual función cumple el personaje Angel, fiel a los ideales patrióticos e independentistas, que no se deja seducir totalmente con las tentaciones del amor que le ofrece una chica de distinta condición social. En la película, además, no sólo intervienen las fuerzas del poder político sino que también las de la tradición familiar, siempre deseosa de proteger los intereses económicos de casa movilizando a los personajes a que continúen, suspendan o vuelvan clandestino el amor y la pasión.

Así, José Manuel es el personaje que recibe el peso de todas estas fuerzas: se encuentra atrapado en la posibilidad de que su padre, Manolo, mantenga contactos con el franquismo-nazismo; es de vocación democrática a la norteamericana pero desea conservar su fuerte amistad con Angel, su amigo nacionalista. José Manuel además se debate entre su amor oficial con Rita, chica plástica, tierna y maternal que le ofrece una relación de conveniencia acorde a su estatus social; y con Raquel, mujer culta y profesional, con la que satisface una pasión clandestina que lo oxigena y libera de las reglas sociales.

Sin embargo, el peso de la economía familiar, la obligada solidaridad que se le debe al padre siguiendo la tradición hispana, la presión social de la costumbre, "el qué dirán", van a determinar la definición amorosa de José Manuel, la reintegración a su grupo social, el alivio de la economía casera; igualmente, debido a la fortaleza de su moral personal, es decir, su impecable fidelidad a los principios de la honradez, la democracia y la libertad empresarial, hacen que se defina por Rita, la dama de sociedad, a pesar de que su corazón siempre seguirá latiendo por la culta Raquel.

El caso de José Manuel es el que más se trabaja y se enfoca, puesto que este personaje es el centro de las escenas y de la fiesta que, en efecto, sucede a todo tren tal y como se titula el filme. Podría decirse sin temor que adicionalmente sucede otra "fiesta", otra que tiene que ver con la conjugación de las fuerzas ideológicas simbolizadas en la película. Es una "fiesta" de los símbolos en constante efervescencia, en choque, en constante conflicto, montados de manera límite, sedientos y ansiosos de comunicar y ser interpretados. Los ejemplos abundan: el representante del gobierno de Estados Unidos que juega billar en la penumbra tal y como lo hace el poder colonizador; los fetiches franquistas que estigmatizan y revelan como enemigos a quienes los portan para su desgracia, las constantes facciones de desesperación al sentirse atrapadas entre las fuerzas políticas en pugna, los versos de denuncia social de los independentistas y las decepciones amorosas surgidas en momentos claves que revelan la profundidad de la influencia del medio social en los sentimientos de los personajes. *La gran fiesta*, pues, aprovecha un momento histórico clave de Puerto Rico—su inserción en la pugna de intereses en la segunda guerra mundial—a fin de presentar una galería de personajes, alegres o en pena, pero todos movilizados por las fuerzas ideológicas universales, las del poder económico y político, entrelazadas con la tradición y la costumbre; fuerzas y tradiciones que marcan en definitiva, para siempre y irremediablemente, los destinos humanos sin muchos saber las causas y las razones.

IX
PELÍCULAS CHILENAS

ESTADO DE SITIO

Estado de sitio(1973) es una de esas producciones que marcada por el contexto sociohistórico en el que surge, carece de una maestría artística y se convierte en un producto excesivamente contestatario al punto de semejar un documental meramente referencial.

El director de origen griego, Constantin Costa Gavras, exhibe un impresionante desplazamiento humano y técnico que explica en parte la capacidad contestataria de la película. Esta movilización surge gracias a la coyuntura que ofrece un Chile gobernado por la Unidad Popular de Salvador Allende seguramente interesada en revelar al mundo los laberintos y tentáculos del imperialismo internacional, en especial el norteamericano. Al parecer, no se escatima en presupuesto o recursos, relativa abundancia que va a incrementar el carácter referencial en detrimento de lo artístico.

Así, las condiciones coyunturales están dadas para recrear miméticamente y desde una concepción alternativa la semana del secuestro de influyentes diplomáticos norteamericanos y sudamericanos perpetrados por los revolucionarios "tupamaros" del Uruguay. El carácter documental del film proyecta entonces escenas y diálogos realistas que conforman la denuncia renunciando, a pesar de que los acontecimientos se prestan para ello, a la explotación de un amarillismo cinematográfico que aseguraría éxito comercial. Asímismo, en aras de la fidelidad histórica, se suspende todo tipo de sofisticación en el montaje disminuyendo el logro estético—se limita a un discurso lineal dentro un gran *flash back* típico y convencional. La estrategia—fidelidad a los hechos hasta sus últimas consecuencias desde una visión alternativa—paradógicamente es el gran acierto y el demérito de la película. Su explícita semanticidad denunciativa en consecuencia va a ser el principal atractivo de comercialización reforzado con el manejo de las dos lenguas imperialistas por excelencia: inglés en lo económico y francés en lo intelectual.

Estado de sitio impresiona entonces por el atrevimiento y osadía contestataria al ser fiel en el crudo reflejo de los hechos que evidencian, impecable y claramente, cómo operan los tentáculos del imperialismo norteamericano en zona tercermundista uruguaya. Destapa, mediante diálogos secuestradores-secuestrados, el derramamiento del poder proveniente desde Washington o Wall Street permitido por las cúpulas locales que conforman un—perfecto—sistema de control dispuesto friamente a sacrificar individuos fieles para su perpetua preservación.

Se descubre, en síntesis, el clímax de una lucha de clases que a su vez define claramente quiénes se adhieren a los bandos en pugna dispuestos ya a todo para la consecusión de sus fines. Desfilan, pues, los grupos dominantes uruguayos reforzados exteriormente en lo económico y militar tratando de liquidar a las fuerzas emergentes, como los "tupamaros" que, sin el gran apoyo popular, logran apenas un ensayo revolucionario que no basta para debilitar al poderoso sistema al parecer invulnerable porque simplemente sustituye a los políticos asesinados con el envío de nuevos funcionarios que continuarán la dominación.

X
PELÍCULAS
PERUANAS

LA CIUDAD Y LOS PERROS

La película *La ciudad y los perros* (1985) de la novela de Mario Vargas Llosa, dirigida por el también peruano Franciso Lombardi, muestra la capacidad del cine de explotar el lenguaje auditivo, verbal y visual para denunciar artísticamente una problemática social que conduce a la reflexión y que a la vez asegure éxito comercial reconocido.

No es necesario esperar las primeras imágenes sino que basta escuchar los redobles iniciales de los tambores, solemnes, contundentes, como fusilamiento, acompañados del llanto de trompetas, para presentir el abordamiento de una temática humana trascendental. La melodía introductoria propone y produce la sensación de escalofrío porque remite al contexto militar latinoamericano de represión y violencia preparando, psicológica y sensiblemente, las escenas denunciativas que en efecto aparecerán más tarde. Este recurso musical se exhaltará en los momentos claves, aumentando así la tensión—muerte y sepelio del "Esclavo", la expulsión de Cava, despedida de Gamboa o final del filme, dejando una sensación de impotencia ante la nulificación casi absoluta de opciones humanamente regenerativas entre los uniformados víctimas también del ambiente externo que se les impone.

Los discursos verbal y visual son, por supuesto, elementos donde descansa el mensaje denunciativo y reflexivo además de operar como factores básicos para el éxito de taquilla de la película. Preparados los sentidos con los escalofriantes redobles, surgen las imágenes y diálogos cargados de crítica y poder atractivo y seductor de unos protagonistas atrapados en la institución militar incapaz, contradictoriamente, de preservar real y humanamente los más elementales principios de "disciplina, moralidad, trabajo" para bien de la sociedad mayoritaria que suspuestamente protege.

La palabra y la imagen—con el sonido como telón de fondo—van a combinarse, dominando en ocasiones el uno sobre el otro dependiendo del contenido del mensaje, para transmitir la denuncia y reflexión. Así, el discurso visual necesitará del verbal cuando se presentan las patéticas, por denigrantes y degradantes, escenas del "bautizo" de los cadetes maltratados como perros—y perras—por los más veteranos: En la negativa del "Jaguar" por no subyugarse, en los murmullos de queja y protesta de los menos dotados, la palabra interviene como elemento liberador de la reflexión.

Este mecanismo dual es abundante en el filme e incluso—quizá por su origen novelesco—en ocasiones la potencia reflexiva del verbo se sobrepone sobre la imagen impotente para transmitir, por ejemplo, los monólogos analíticos, remordimientos morales y crítica social del "Poeta", la denuncia de Ricardo Arana, la autoconfesión del "Jaguar" a Gamboa sobre la muerte de aquél. Es tan importante el recurso verbal que, después de presentadas las imágenes respectivas, será el causante de la conflictiva entre cadetes y superiores que entre todos se acusan, signo de cobardía y degeneración, de "soplones" desencadenando las acciones más trágicas—el "Poeta" delata al "Jaguar" acusado también de soplón por el "Círculo" al cual pertenecía el Cava denunciado a su vez por el "Esclavo".

La trilogía discursiva que sólo la ofrece el cine se combina, pues, en *La ciudad y los perros* de manera equilibrada tal que asegura el interés del gran público sin descuidar la provocación contestataria. El sonido es factor de ambientación y tensión en momentos claves, la imagen opera como vehículo denunciativo mientras que en la palabra se asienta el mensaje reflexivo de un militarismo decadente en el que incluso la honestidad y verdad hay que sacrificarla en aras de la perpetuación del sistema que lo engendra.

FIN

ENSAYOS CLAVES
SOBRE CINE LATINO

Se terminó de imprimir en junio de 2005 en la planta de producción
e impresión digital de *Editorial Orbis Press.*
El cuidado de la edición estuvo a cargo del autor.

Oficinas e Imprentas de:
Editorial Orbis Press

414 W. FLOWER ST.
Phoenix, Arizona 85013
USA
Phone/Tel. (602) 264-5011
Fax (602) 604-8179
editor@orbispress.com
www.orbispress.com

Made in the USA
Monee, IL
31 May 2022

97262242R00090